中原名师出版工程
ZHONGYUAN MINGSHI CHUBAN GONGCHENG
中原名师论坛系列（2018）

课程育人：教学价值与学生发展

中原名师培育工程项目办公室　编

中原出版传媒集团
中原传媒股份公司
大象出版社
·郑州·

图书在版编目(CIP)数据

课程育人：教学价值与学生发展 / 中原名师培育工程项目办公室编. — 郑州：大象出版社，2021. 11
(中原名师出版工程)
ISBN 978-7-5711-1030-7

Ⅰ. ①课… Ⅱ. ①中… Ⅲ. ①教学研究-文集 Ⅳ. ①G420-53

中国版本图书馆 CIP 数据核字(2021)第 066662 号

课程育人:教学价值与学生发展

中原名师培育工程项目办公室 编

出 版 人 汪林中
责任编辑 刘丹博 赵晓静
责任校对 毛 路
特邀设计 刘 民
美术编辑 杜晓燕

出版发行 大象出版社(郑州市郑东新区祥盛街 27 号 邮政编码 450016)
发行科 0371-63863551 总编室 0371-65597936
网　　址 www.daxiang.cn
印　　刷 新乡市龙泉印务有限公司
经　　销 各地新华书店经销
开　　本 720 mm×1020 mm 1/16
印　　张 11.25
字　　数 177 千字
版　　次 2021 年 11 月第 1 版 2021 年 11 月第 1 次印刷
定　　价 45.00 元

印厂地址 河南省新乡经济开发区中央大道中段
邮政编码 453731 电话 0373-5590988

总序

对于一个优秀教师来说，将自己对教育教学的思考在写作中表达出来，是非常自然的一件事。正如玛格丽特 · 杜拉斯在《写作》中说的：“写作像风一样吹过来，赤裸裸的，它是墨水，是笔头的东西，它和生活中的其他东西不一样，仅此而已，除了生活以外。”杜拉斯把自己的写作区别于日常生活中具体的事物，而将其看作生活本身。我十分认同这样的说法。从许多优秀教师的成长经历来看，教育写作就是教育生活本身。当我们学会了把教育生活中的各种场景纳入自己的视野，融入自己的思考，通过写作诚实地记录下来，我们就找到了一条属于自己的专业发展之路。

正是看到了教育写作在教师专业发展中的重要意义，河南省教育厅与浙江师范大学启动了“中原名师教育写作出版计划”。河南是我国的教育大省，有一大批非常优秀的教师逐渐崭露头角，而“中原名师”是其中的佼佼者，他们在各自的学校和不同的教育教学领域取得了一定的成绩，及时总结、提炼、展示、推广他们的研究成果非常必要。我和张文质老师被聘请为“中原名师教育写作出版计划”的首席写作导师，肩负指导“中原名师”写作、出版教育教学专著的重任。这可能也是目前国内唯一旨在帮助优秀教师实现教育教学专著出版的省级培训项目，开辟了教师培训内容与形式的崭新领域，具有开创性意义。经过近两年的艰苦努力，目前这项计划终于迎来了阶段性成果：一批“中原名师”的教育教学专著即将正式出版。从书稿情况来看，选题、内容可谓多样：既有学科教学方面的，也有班级管理方面的；既有比较严谨的学术论著，也有可读性较强的教育教学随笔；既有义务教育阶段的，也有幼儿、高中阶段的。

捧读这些沉甸甸的书稿，我心中充满感慨。

我想到了每一位作者的面庞，看到了那些闪亮的眼神。大家都非常清楚，对于一个渴望成长、追求专业发展的教师来说，教育写作是自我提高的一条基本路径。教育写作能清晰地记录一个教师专业成长的轨迹。教师可以在写作的过程中不断审视、反思自我，不断积累、总结，无论是初尝成功的经验，还是尝试摸索中的所谓教训，都是十分宝贵的财富。苏霍姆林斯基曾鼓励教师每天都写教育日记（也就是我们常说的“教育叙事”），认为这样的写作具有重大价值：“凡是引起你的注意的，甚至引起你一些模糊的猜想的每一个事实，你都把它记入记事簿里。积累事实，善于从具体事物中看出共性的东西——这是一种智力基础，有了这个基础，就必然会有那么一个时刻，你会顿然醒悟，那长久躲闪着你的真理的实质，会突然在你面前打开。”这些“中原名师”正是通过写作将自己日常教育教学的点点滴滴慢慢积累起来的，而实施“中原名师教育写作出版计划”就是为了帮助他们打开真理之门。

我还想到了每本书稿选题的艰难，想到了那些为了确立书稿选题所经历的热烈讨论，既有面对面的沟通，也有无数次邮件、短信与电话往来。由于每一位作者所在的区域不同，所教学段、学科不同，研究基础、研究方向也各不一样，如何将那些最有价值的研究成果梳理、提炼出来，并形成相对集中的研究主题以专著的形式呈现，是我和张文质老师以及每一位作者需要面对的挑战。沟通、选择的过程非常重要，也非常辛苦。这主要是由于各位作者在实践层面的经验、成果内容非常多样造成的：往往一个教师提供的同一本书稿，在内容上既有学科教学方面的，也有班级管理方面的，甚至还有其他学科领域的，这固然反映了一线教师工作繁杂多面的实际情况，但对于专著出版来说，主题不够突出无疑是大忌，也会遮蔽那些更有价值、更值得推广的内容。经过反复讨论，第一批“中原名师”首先确定了选题，开启了教育写作之路；而另一批作者则更改了选题，另起炉灶，毅然开启了新的写作计划，这其中的勇气也让人深为佩服。

当然，我也想到了每一位作者所经历的艰苦的写作过程。由于绝大多数老师积累的文稿是基于实践经验，致使有些内容在学理上存在问题，论述、论据都不够严谨，容易引起歧义；也有些内容所呈现的研究过程与研究成果不够完整，材料繁杂、枝蔓较多，如何去芜存菁留下最有价值的东西，如何修改、完善那些不够成熟的地方，也是摆在每一位作者面前的挑战。值得指出的是，对文稿不断修改、完善的过程虽然艰苦，但其实是非常宝贵的研究经历——看似是教育写作的过程，其实又是学术研究的过程，写作本身成为思维与学术的双重训练，成为提炼教育教学理念、凸显教育教学风格的基本路径。正是经历了这样的写作和研究过程，他们最终创作出很有价值的作品。如果说在专著出版之前，这些老师的教育教学风格还不够鲜明，尚未在更大的范围内得到认可，那么我相信，专著的公开出版，将有力地促进他们教育教学成果以及个人教育教学风格的传播与推广，塑造“中原名师”更加美好、专业的形象，成为河南教师乃至全国教师的偶像。而这，也是河南省教育厅与浙江师范大学继续教育学院决定实施该项教育写作出版计划的重要目的之一。

对于各位作者而言，他们没有辜负岁月，岁月也没有辜负他们。

对于导师而言，能够参与这个项目，帮助各位作者，是充满欣慰的，甚至超过了自己出书时的喜悦。

感谢各位读者，如果您翻开这些书，您会看到有那么一些人，是如何执拗地表达着对岁月和信仰的敬意。

闫 学

目录

第一章　高中篇

第二章　初中篇

第三章 小学篇

第四章 幼儿园篇

第一章

高中篇

基于学科思想方法探究文本的教学价值*

郑州外国语学校 司德平

一、教学价值

教学是一种社会现象，是一种实践活动，也是研究教学价值的客体，这种实践活动的属性满足教学主体的需要就构成了教学价值。教学主体包括教师和学生，教学客体则包括教学环境、教学内容以及师生自身的内心客观世界。通常，教学价值指在一定的社会历史条件下，在具体的教学环境中，教学主体与满足教学主体某种需要的教学客体属性之间的一种关系。这种关系的形成必须依赖于教学主体的实践活动。由于教学价值具有社会历史性和主体实践性，需要达到主体需要与客体属性的和谐统一，因此，教学价值的实现体现了人的价值，促进了教师专业发展，有利于课程改革的推进。其中，文本的教学价值聚焦于学科思想方法，本文以分析高中物理必修教材和高考物理必修试题中的学科思想方法为例来研究文本的教学价值，这一过程也是教师自觉践行专业发展，提升学生学科核心素养的实践路径之一。

* 本文发表于《湖南中学物理》2018年第11期，收入本书时有改动，为河南省基础教育教学研究项目立项与结项课题“人教版高中物理必修教材学科思想方法的研究”（编号：JCJYC1606zy45）阶段性成果之一。

二、文本的教学价值聚焦于学科思想方法

2013年6月，在《教育部关于推进中小学教育质量综合评价改革的意见》中，首次出台了《中小学教育质量综合评价指标框架（试行）》，其中在“学业发展水平”方面有“学科思想方法”的关键性指标，考查“学生对各学科思想和方法的理解和掌握情况”。因此，学科思想方法是学科教学的灵魂与精髓。

学科思想对学科方法起调控作用，而学科方法则是学科思想的具体体现。二者相辅相成，互为表里，密不可分，故把二者统称为“学科思想方法”。

高中物理常见的学科思想方法有：（1）理想化与物理建模思想，其中包括①理想模型（对象模型、条件模型、过程模型、模拟模型），②理想实验；（2）实验探究思想；（3）守恒思想；（4）控制变量思想；（5）等效思想（等效转换、等效替代）；（6）类比思想；（7）极限思想；(8) 对称思想；(9) 数理思想（比值定义法、乘积定义法、比例系数法、图象法、方程函数法、数形结合法、近似估算法、外推法、平均值法、曲线拟合法、微元法、累积法、放大法、化归法、逆向法、临界与极值法）；（10）整体与隔离思想；(11) 归纳与演绎思想；(12) 假设与悖论思想（归谬法、反证法等）。

高中物理学科思想方法是从物理学视角出发探究客观事物的本质属性、内在规律及相互关系的有效思维方式，是科学思维内化的能力与品质，是科学思维的内核。构建学生学科思想方法是探究高中物理文本教学价值的聚焦点。

三、基于学科思想方法探究文本教学价值的示例

1. 人教版高中物理必修教材中学科思想方法的横向分析

基于高中物理学科思想方法的界定与分类，对人教版高中物理必修教材进行了横向、系统的文本教学价值分析，提炼、统计出人教版高中物理必修教材中的学科思想方法，具体的统计方法如表1、表2所示。

表 1 人教版高中物理必修 1 教材中学科思想方法的横向统计

章	节	页码	位置	文本内容	思想方法	备注
一	1	10	旁注	在物理学中，突出问题的主要方面，忽略次要因素，建立理想化的“物理模型”，并将其作为研究对象，是经常采用的一种科学研究方法。质点就是这种物理模型之一	理想化与物理建模思想	对象模型
			正文	在某些情况下，我们可以忽略物体的大小和形状，而突出“物体具有质量”这个要素，把它简化为一个有质量的物质点，这样的点称为质点		
一	3	15	正文	物理学中用位移与发生这个位移所用时间的比值表示物体运动的快慢，这就是速度	数理思想	比值定义法
			旁注	在这里，我们用两个物理量（位移和时间）的比值定义了一个新的物理量（速度），它的物理意义与原来的两个物理量完全不同。今后还会多次遇到用比值定义的物理量		
一	3	16	正文	一般说来，物体在某一时间间隔内，运动的快慢不一定是时时一样的，所以由 $v=\frac{\Delta x}{\Delta t}$ 求得的速度，表示的只是物体在时间间隔 Δt 内的平均快慢程度，称为平均速度	等效思想	等效替代
一	3	16	正文	当 Δt 非常非常小时，我们把 $\frac{\Delta x}{\Delta t}$ 称做物体在时刻 t 的瞬时速度	极限思想	
……	……	……	……	……	……	……

表 2　人教版高中物理必修 2 教材中学科思想方法的横向统计

章	节	页码	位置	文本内容	思想方法	备注
五	1	2、3	正文	图 5.1−1，质点做曲线运动时的位移矢量；图 5.1−6，速度和它在 x、y 方向的分矢量	数理思想 等效思想	图象法 等效替代
五	1	3	正文	图 5.1−4，钢球离开轨道时的速度方向与轨道（曲线）有什么关系	实验探究思想	
五	1	3	正文	图 5.1−5，A、B 两点靠得很近很近时，直线 AB 就成了曲线的切线	极限思想	
五	1	5	正文	图 5.1−9，观察红蜡块的运动； 图 5.1−10，在平面直角坐标系中研究蜡块的运动	理想化与物理建模思想 等效思想	过程模型 等效替代
……	……	……	……	……	……	……

根据表 1、表 2 中具体的学科思想数量做出统计，如图 1、图 2 所示。

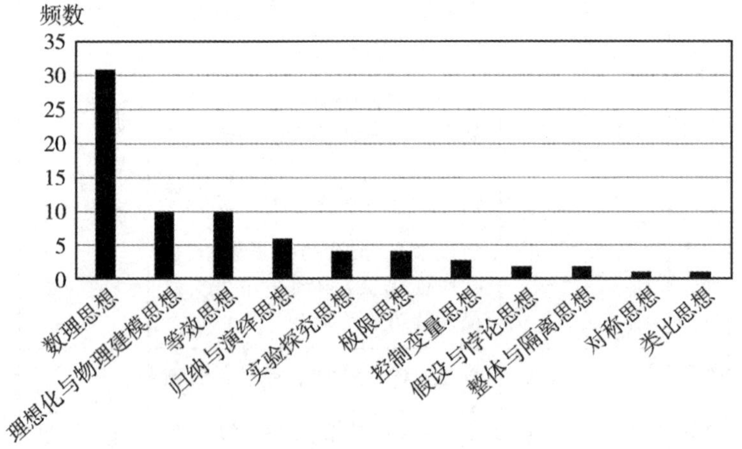

图 1　人教版高中物理必修 1 教材中学科思想方法横向统计直方图

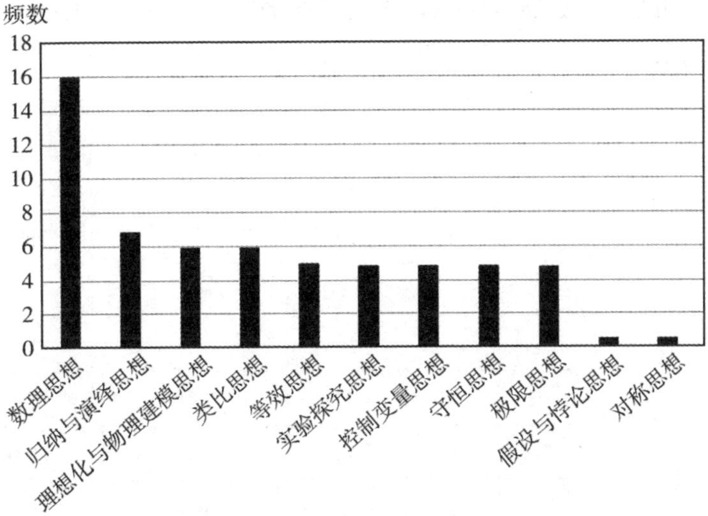

图 2　人教版高中物理必修 2 教材中学科思想方法横向统计直方图

人教版高中物理必修 1 教材主要研究直线运动中运动和力的关系，内容包括运动学、静力学和动力学。由图 1 可以看出，在必修 1 中，数理思想、理想化与物理建模思想、实验探究思想、等效思想和极限思想的应用较多。这不仅体现了必修 1 的基础性，而且凸显了高中物理的学科特点。

研究物理现象一般是按照从简单到复杂、从个别到一般的认知规律。人教版高中物理教材在必修 1 学习直线运动规律和牛顿运动定律的基础上，探究基于运动的合成与分解，必修 2 进一步研究了较复杂的曲线运动和牛顿运动定律在曲线运动中的应用，且研究方法从牛顿运动定律提升到能量守恒定律。因此，由图 2 可以看出，在必修 2 中，不仅数理思想、理想化与物理建模思想、归纳与演绎思想、等效思想、类比思想、极限思想和实验探究思想的应用较多，而且增加了守恒思想、控制变量思想的应用，凸显了高中物理学科核心素养。

2. 人教版高中物理必修教材中学科思想方法的纵向分析

基于高中物理学科思想方法的界定与分类，对人教版高中物理必修教材进行了系统的文本分析，纵向梳理、统计出人教版高中物理必修教材中的学科思想方法分布，如表 3 所示。

表3　人教版高中物理必修教材中学科思想方法的纵向分布

思想方法	章	节	页码	位置	备注
数理思想	一	3	15	正文　旁注	比值定义法
	一	3	17	栏目	比值定义法
	一	4	22	正文	图象法
	……	……	……	……	……
理想化与物理建模思想	一	1	10	旁注　正文	对象模型
	一	4	25	练习 4	模拟模型
	二	5	43	正文	过程模型
	二	5	43	正文	条件模型
	四	1	69	正文	理想实验
	……	……	……	……	……
等效思想	一	3	16	正文	等效替代
	二	1	33	练习 3	等效转换
	……	……	……	……	……
归纳与演绎思想	一	5	27	正文　脚注	
	二	5	44	旁注	
	三	4	62	正文	实验归纳法
	……	……	……	……	……
极限思想	一	3	16	正文	
	一	4	24	栏目	
	……	……	……	……	……
实验探究思想	二	6	46—48	正文	
	三	4	62	栏目	
	四	7	90	旁注	
	……	……	……	……	……

（续表）

思想方法	章	节	页码	位置	备注
控制变量思想	三	3	61	练习 1	
	四	2	71	正文	
	五	5	22	栏目	
	……	……	……	……	……
类比思想	一	5	27	旁注	比较法
	五	2	11—12	正文　栏目	
	五	7	28	栏目	
	……	……	……	……	……
守恒思想	七	1	55	正文	
	七	7	74	栏目	
	……	……	……	……	……
假设与悖论思想	二	6	46	正文	归谬法
	三	3	61	练习 2	反证法
	……	……	……	……	……
对称思想	四	7	91	练习 2	
	六	2	38	正文	
整体与隔离思想	四	3	77	栏目	
	四	5	84	练习 6、7	

由表 3 可描绘出高中物理必修教材中学科思想方法的直方图，如图 3 所示。由图 3 可以看出，在人教版高中物理必修教材中，数理思想、理想化与物理建模思想、等效思想、归纳与演绎思想、极限思想和实验探究思想的应用频数较高。不仅体现了研究物理现象从简单到复杂、从个别到一般的认知规律，也凸显了高一物理的学科核心素养。

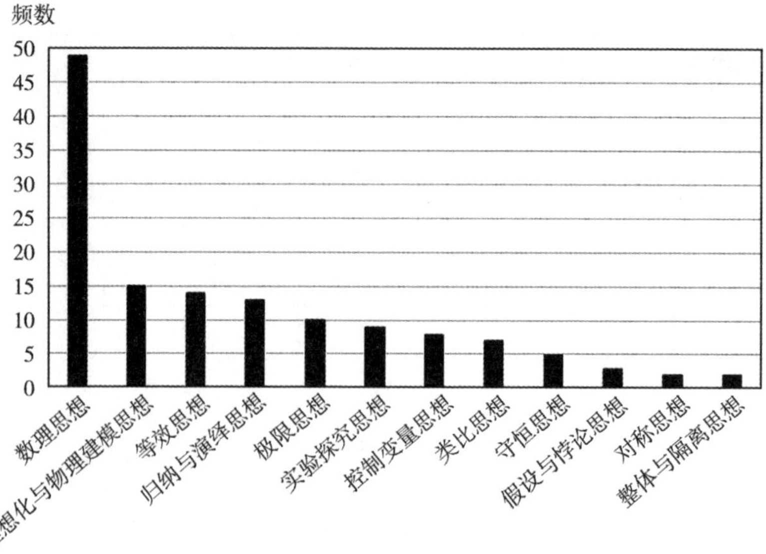

图 3　人教版高中物理必修教材中学科思想方法纵向分布直方图

3. 2015 年高考物理必修试题中的学科思想方法分析

基于高中物理学科思想方法的界定与分类，通过对 2015 年全国 14 套高考物理试题的文本分析与案例研究，系统提炼、统计出 2015 年高考物理必修试题中的学科思想方法，如表 4 所示。

表 4　2015 年高考物理必修试题中的学科思想方法统计

卷别	题号	题型	分值	模块	考查知识点	能力要求	学科思想方法	备注
课标Ⅰ卷	18	选择题	6	必修 2	抛体运动	推理能力	数理思想 理想化与物理建模思想	临界与极值法 过程模型
课标Ⅱ卷	17	选择题	6	必修 2	功和功率	推理能力	理想化与物理建模思想	过程模型
海南卷	9	选择题	4	必修 1	共点力的平衡 牛顿运动定律 牛顿运动定律的应用	推理能力	理想化与物理建模思想	对象模型

（续表）

卷别	题号	题型	分值	模块	考查知识点	能力要求	学科思想方法	备注
北京卷	23	计算题	8	必修 2	弹性势能	理解能力 应用数学处理物理问题的能力	数理思想 极限思想	图象法 微元法 累积法
上海卷	31	计算题	12	必修 2	力与运动 功能关系	理解能力 分析综合能力	理想化与物理建模思想 守恒思想	条件模型
江苏卷	14	计算题	16	必修 2	胡克定律 牛顿运动定律 圆周运动的向心力 动能定理	分析综合能力 应用数学处理物理问题的能力	对称思想 数理思想	方程函数法
浙江卷	21(1)	实验题	4	必修 2	机械能守恒定律	理解能力 实验能力	实验探究思想 守恒思想	
天津卷	8	选择题	6	必修 2	万有引力定律及其应用	理解能力	归纳与演绎思想	
重庆卷	8	计算题	16	必修 1	平抛运动 牛顿第二定律 功能关系	理解能力 分析综合能力	理想化与物理建模思想 守恒思想	过程模型
广东卷	19	选择题	6	必修 1	力的合成与分解 共点力平衡	理解能力 分析综合能力	等效思想	等效替代
福建卷	19(1)	实验题	6	必修 1	弹力与弹簧伸长量的关系	推理能力 实验能力	数理思想 实验探究思想	图象法
山东卷	23	计算题	16	必修 1、2	共点力的平衡 牛顿运动定律 圆周运动的向心力 动能定理	理解能力 分析综合能力	理想化与物理建模思想 数理思想	过程模型 方程函数法

（续表）

卷别	题号	题型	分值	模块	考查知识点	能力要求	学科思想方法	备注
安徽卷	23	计算题	10	必修 2	类平抛运动	理解能力 分析综合能力	理想化与物理建模思想 类比思想	过程模型
四川卷	1	选择题	6	必修 2	功能关系 机械能守恒定律及其应用	理解能力 分析综合能力	守恒思想 理想化与物理建模思想	条件模型
……	……	……	……	……	……	……	……	……

由表 4 可知，2015 年 14 套高考物理试题中的学科思想方法，考查必修 1 教材中内容 25 处，考查必修 2 教材中内容 43 处。理想化与物理建模思想有 33 处，其中，过程模型 25 处，条件模型 7 处，对象模型 1 处；数理思想有 18 处，其中，图象法 8 处，方程函数法 3 处，临界与极值法 2 处，微元法、累积法、近似估算法、数形结合法和平均值法各 1 处；守恒思想有 14 处；实验探究思想有 10 处；等效思想和类比思想各 5 处；极限思想和归纳与演绎思想各 3 处；对称思想和整体与隔离思想各 2 处；控制变量思想有 1 处。涉及考查理解能力 46 处，考查分析综合能力 36 处，考查推理能力 10 处，考查应用数学处理物理问题的能力和实验能力各 9 处。

4. 2016 年高考物理必修试题中的学科思想方法分析

基于高中物理学科思想方法的界定与分类，采用文本分析与案例研究法，对 2016 年全国 10 套高考物理必修试题中的学科思想方法进行了系统提炼，如表 5 所示。

表 5　2016 年高考物理必修试题中的学科思想方法统计

卷别	题号	题型	分值	模块	考查知识点	能力要求	学科思想方法	备注
课标Ⅰ卷	18	选择题	6	必修 1	匀速直线运动 牛顿运动定律	分析综合能力	理想化与物理建模思想	过程模型

（续表）

卷别	题号	题型	分值	模块	考查知识点	能力要求	学科思想方法	备注
课标Ⅱ卷	19	选择题	6	必修1、2	受力分析 速度图象	理解能力 应用数学处理物理问题的能力 分析综合能力	数理思想	图象法
课标Ⅲ卷	23	实验题	10	必修1	探究物体加速度与合力的关系	实验能力 应用数学处理物理问题的能力	控制变量思想 数理思想	数形结合
海南卷	3	选择题	3	必修2	机械能守恒 圆周运动 牛顿第二定律	分析综合能力	守恒思想	
北京卷	23（3）	计算题	6	必修2	重力场 重力势	推理能力 分析综合能力	类比思想	
天津卷	8	选择题	6	必修1、2	牛顿运动定律	实验能力	实验探究思想 整体与隔离思想	
上海卷	16	选择题	3	必修2	圆周运动	理解能力 分析综合能力	理想化与物理建模思想 数理思想	过程模型 图象法
江苏卷	2	选择题	3	必修2	斜抛运动	分析综合能力	理想化与物理建模思想 数理思想	过程模型 图象法
浙江卷	21	实验题	10	必修1	力的平行四边形定则 力的合成 弹簧读数 胡克定律	实验能力 理解能力	等效思想 控制变量思想 实验探究思想	等效替代

（续表）

卷别	题号	题型	分值	模块	考查知识点	能力要求	学科思想方法	备注
四川卷	8（1）	实验题	6	必修2	测量弹簧的弹性势能	实验能力 分析综合能力	等效思想 实验探究思想	等效转换
……	……	……	……	……	……	……	……	

由表5可知，2016年10套高考物理试题中的学科思想方法，考查必修1教材中内容22处，考查必修2教材中内容28处。理想化与物理建模思想有22处，其中，过程模型20处，对象模型2处；数理思想有13处，其中，图象法有8处，临界与极值法、数形结合法各2处，平均值法1处；守恒思想有10处；实验探究思想有7处；整体与隔离思想有4处；等效思想、控制变量思想各有2处；对称思想、类比思想、归纳与演绎思想各有1处。涉及考查分析综合能力28处，考查理解能力17处，考查推理能力11处，考查实验能力8处，考查应用数学处理物理问题的能力3处。

由表4和表5可以看出，2015年和2016年高考物理在必修模块中，不仅对必修2的考查较多，而且对理想化与物理建模思想、数理思想、守恒思想和实验探究思想的考查也较多。既凸显了高中物理的文本教学价值，也体现了高考物理试题着重考查考生知识、能力和学科核心素养的命题指导思想。

地理实践活动发展学生核心素养的价值探索

商丘市回民中学　程　黎

培养什么人，怎样培养人，是教育的永恒话题。党的十八大给我们指明了方向："把立德树人作为教育的根本任务。"为落实立德树人根本任务，2016 年 9 月，教育部发布了《中国学生发展核心素养》研究成果。核心素养以培养"全面发展的人"为核心，分为文化基础、自主发展、社会参与三个方面，如图 1 所示。

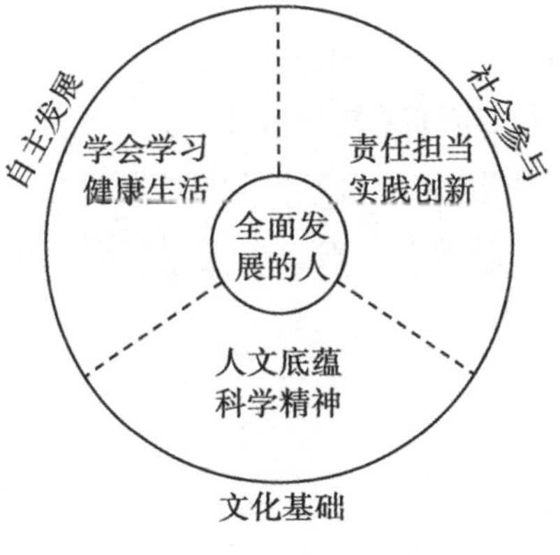

图 1　中国学生发展核心素养

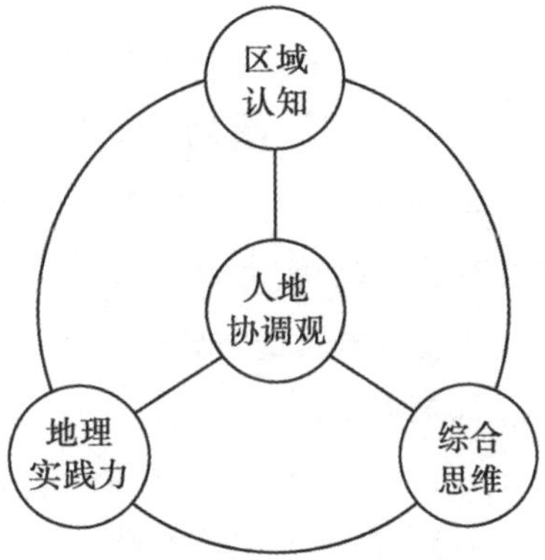

图 2　地理学科核心素养

课程作为教育的专业实践，是教育思想、教育目标和教育内容的主要载体，核心素养要落地必须依赖于各学科独特的育人功能的发挥，为此，各学科又凝练出了学科核心素养。地理学科的核心素养包括：人地协调观、综合思维、区域认知和地理实践力，如图 2 所示。

《地理教育国际宪章》中提到：地理教育为今日和未来世界培养活跃而又负责任的公民所必需。地理在各个不同级别的教育中都可以成为长见识、增才干和促兴趣的科目，并有助于终身欣赏和理解这个世界。为此，我们立足校情和地理学科的特点，将地理课堂教学和综合实践活动结合起来，将所学的地理知识应用于实际生活中，激发学生的学习热情和探究欲望，培养学生的创新意识和社会责任感，使其具有正确的人地协调观念，养成节约资源、保护环境的良好品德。

地理实践活动是一项面向学生的生活世界，以丰富的自然、社会等教学资源让学生直接获得经验的生活体验性活动。为此，我们设计了多元化的活动主题，让学生在真实情境的观察、感悟中，正确理解地理环境与人类活动的关系，形成学生发展的必备品格和关键能力。

一、基于地理核心素养，挖掘资源设计活动主题

学科核心素养是学科育人价值的集中体现。我们结合地理课程资源、学校资源、区域资源，设计了多元化的活动主题，以达成学科核心素养的培养。

1. 结合区域环境问题设计主题，培养学生的人地协调观

案例：包河商丘道北段水质调查与分析

活动背景：学习了“水资源的合理利用”之后，有学生提出：商丘市主要有哪些内河？水质状况如何？于是，经师生讨论，决定开展“包河商丘道北段水质调查与分析”活动。

活动内容：

（1）实地调查包河商丘道北段水质状况；

（2）取商丘人民公园段水样，分析水质状况；

（3）调查包河商丘道北段治理措施并提出建议。

育人目标：

（1）通过实地观察包河商丘道北段水质状况，了解家乡内河水质现状，增强社会责任感；

（2）认识水体污染的危害，增强水资源的保护意识；

（3）认识水资源的重要性，树立正确的环境观、资源观。

2. 结合家乡建筑资源设计主题，培养学生的综合思维能力

案例：商丘古城建筑特色及起源文化考察

活动背景：学习了“自然地理环境的整体性”之后，学生们认识到地理学具有综合性、区域性的特点。于是，他们决定对家乡建筑的风格进行调查，以便帮助他们了解建筑与气候、水文、交通的关系，从而形成综合思维能力。

活动内容：

（1）了解商丘古城四合院与当地气候的关系；

（2）探究商丘“龟背城”地形、地势与排水的关系；

（3）调查商丘古城门的布局特色；

（4）调查商丘古城道路及景点修复情况；

（5）了解“商文化”“火文化”的起源。

育人目标：

（1）认识建筑与自然环境之间的关系，形成综合思维能力，树立天人合一的思想；

（2）培养认识家乡、热爱家乡的情怀。

3. 结合区域生态农业资源设计主题，培养学生的区域认知能力

案例：双八镇草莓基地考察

活动背景：学习了“农业的区位选择”之后，学生们产生了考察、体验当地农业生产的欲望。经师生讨论研究，他们选择了伟大领袖毛泽东主席视察过的双八镇黄楼村进行实地考察。

活动内容：

（1）了解当地农业生产类型的变化；

（2）了解草莓类型与当地气候、土壤、市场、交通的关系；

（3）了解政策和科技对农业生产的影响。

育人目标：

（1）认识当地主要种植类型与气候、土壤的关系；

（2）理解不同地区农业发展类型不同的原因；

（3）通过考察体验，理解因地制宜的理念，培养热爱家乡、建设家乡的情感。

4. 结合地理课程资源设计主题，培养学生学以致用的能力

案例：利用杆影法测量当地正午太阳高度及应用探究

活动背景：学习了“行星地球”后，高一学生已初步掌握了地方时和正午太阳高度的概念和计算方法。为使学生更深入地了解正午太阳高度变化对人们生活的影响，遂决定开展“利用杆影法测量当地正午太阳高度及应用探究”的活动。

活动内容：

（1）掌握测量当地正午太阳高度的方法；

（2）学会计算当地的经纬度；

（3）实地测量生活小区楼间距，分析楼间距的合理性。

育人目标：

（1）通过实地测量，培养学生的观测、计算和分析能力；

（2）培养学生初步具备动手实验的能力，养成求真求实的科学态度。

5. 结合家乡建设热点设计主题，培养学生的社会责任感

案例：商丘高铁站建设对市区布局影响的调查

活动背景：我校位于商丘高铁站对面，紧邻高铁广场，随着郑徐高铁的开通及商合杭高铁和京九高铁的开工建设，学校是否搬迁成了师生之间的热点话题。在学习了“交通运输方式和布局变化的影响”之后，学生们更加关注这一话题，于是，决定开展“商丘高铁站建设对市区布局影响的调查”活动。

活动内容：

（1）对附近居民及商户的影响调查；

（2）对市区功能区分布变化的调查。

育人目标：

（1）了解交通建设与地形地貌、气候及科技的关系；

（2）了解交通建设给城市带来的影响；

（3）关注家乡建设，增强社会责任感。

几年来，我们挖掘课程资源带领学生开展的地理实践活动如表 1 所示。

表 1 地理实践活动

课程资源	活动主题
学校资源	商丘回民中学学生对回族文化习俗了解的调查
	商丘回民中学校园植被的辨识
学科资源	利用杆影法测量当地正午太阳高度及应用探究
	包河商丘道北段水质调查与分析
区域资源	商丘高铁站建设对市区布局影响的调查
	商丘古城建筑特色及起源文化考察
	双八镇草莓基地考察

二、带领学生开展活动，落实学生发展核心素养

活动主题确定后，我们就带领学生分组开展地理实验、观察、调查等活动，让学生亲身体验生活中存在的地理知识，引导学生用所学地理知识去分析、解决现实生活中的实际问题，达到学以致用的目的。

下面以“包河商丘道北段水质调查与分析”为例，介绍具体操作过程和收获。

1. 第一个阶段：问题情境阶段

该阶段的目的在于培养学生的问题意识、探究意识，使其学会学习，学会合作，具有责任担当和社会参与意识。

首先，上主题生成课。教师提供资料创设问题情境，给学生呈现商丘水资源概况和市内 6 条内河水质现状视频两则材料，以此激发学生探究家乡内河水质的欲望。

接着，分组讨论，让学生说出自己感兴趣的问题，教师对其进行编号，学生投票表决，确定本次活动的主题为“包河商丘道北段水质调查与分析”。具体活动内容包括：

（1）实地调查包河商丘道北段水质状况；

（2）取商丘人民公园段水样，分析水质状况；

（3）调查包河商丘道北段治理措施并提出建议。

最后，学生根据自己的兴趣爱好，自主选择活动项目，形成小组，选出组长，明确分工，制定研究方案。

2. 第二阶段：实践体验阶段

该阶段重在培养学生的实证意识和严谨的求知态度，使学生学会多角度、辩证地分析问题、解决问题的方法。

这是一个具体探究和解决问题的阶段，主要包括：方案设计、问卷调查、实地考察、走访居民、取水样、分析水质、整理材料、撰写总结报告等。

3. 第三阶段：总结评价阶段

该阶段重在培养学生的总结归纳和表达能力，使其学会正确认识与评估自我与他人，培养学生自信自爱、坚韧乐观的积极心理品质。

该阶段包括学生成果的展示交流和对整个活动的展示评价。

（1）展示交流：一般以演讲会和板报形式表达和交流。

各小组整理材料，撰写小论文，组长向全体成员宣读实践总结报告。报告内容包括选题背景、研究意义、研究内容、研究方法、实施步骤、研究结论、提出建议几个方面。

（2）综合评价

成员自评与教师综合评价相结合。学生自评表和教师评价表分别如表2和表3所示。

表 2　学生自评表

课题名称					
姓名		班级		分工	
完成日期				指导教师	
评价指标			满分	得分	备注
参与态度			20 分		
动手能力			15 分		
社会调查			15 分		
设计、总结			10 分		
心得体会			10 分		
团队合作			20 分		
交流展示			10 分		
课题组组长（签名）：					

表 3　教师评价表

课题名称			指导教师	
课题组成员			组长	
评价指标		满分	得分	备注
方案评价	活动方案	15 分		
过程评价	态度、合作	20 分		
	调查、访谈及实验	15 分		
	心得体会	15 分		
展示效果	形式、表达	15 分		
总结评价	规范、完整、创新	20 分		
总分				
评语	指导教师签名：			

三、利用多元反馈信息，评价育人目标达成

项目实验后期，我们通过发放调查问卷、召开座谈会、组织师生撰写心得体会等方式，分析验证各项地理实践活动的育人价值。

1. 利用学生问卷调查反馈信息

调查问卷具体如下。

商丘市回民中学地理实践活动效果调查问卷

亲爱的同学：

你好！感谢你参与本次地理实践活动效果的问卷调查，谢谢配合！

姓名：________ 性别：________ 民族：________ 班级：_______

（1）你对地理综合实践活动的认识和态度是

①知行合一，积极参与 ②不清楚，老师让做就做

③提升能力，很感兴趣 ④影响学习，不感兴趣

（2）你比较喜欢的地理实践活动方式是

①主题讨论 ②小实验

③校外实地考察 ④校外采访调查

（3）你对下列实践活动项目最感兴趣的是

①利用杆影法测量当地正午太阳高度及应用探究

②校园植被辨识

③回族文化习俗调查

④包河商丘道北段水质调查与分析

（4）你观察到的家乡空气、河水水质状况如何

①空气清新，水质好 ②粉尘较多，水质差

③工业废气多，水质可以 ④空气质量一般，水质差

（5）校园小树挂牌后，对你的影响是

①知道了原来叫不出的树名

②了解了一些树种的生长习性

③增强了保护植被的意识

④没注意观察，影响不大

（6）通过参与地理实践活动，你最大的收获是

①增长了知识，开阔了视野，具备了创新精神和实践能力

②学会动手实验和操作，提升了动手能力

③增强了与同学的交流、合作能力，提高了表达能力

④学会将所学知识与生活联系起来思考问题、解决问题

调查问卷的统计结果如表 4 所示。

表 4　调查结果统计表

题号	①	②	③	④
（1）	52%	8%	28%	12%
（2）	12%	31%	35%	22%
（3）	22%	18%	35%	25%
（4）	6%	44%	41%	9%
（5）	33%	28%	32%	7%
（6）	32%	28%	22%	18%

从表 4 分析：52% 的学生能够积极主动地参与地理实践活动；32% 的学生在活动中增长了知识，开阔了视野，具备了创新精神和实践能力；22% 的学生认为参与活动增强了自己与同学的交流、合作能力，提高了表达能力。

2. 利用师生座谈交流反馈信息

在师生座谈交流中，学生们认为：通过参与地理实践活动，增长了自己的知识，学会了交流和合作，提高了社会责任感。教师们认为：开展地理实践活动与学生升学并不矛盾，不但可以验证所学知识，还可以培养学生独立思考、合作探究的能力；另外，在指导学生开展活动中，也提升了自己的教科研能力，促进了专业成长和发展。

“实践出真知，活动促发展。”实践证明，开展地理实践活动，改变了学生的学习方式，使他们在观察、实验和调查活动中学会了学习，学会了合作，具备了创新意识和科学精神，增强了社会责任感，促进了综合素质的全面发展。

化学教学融合之探索

南乐县第一高级中学　葛庆霞

《普通高中化学课程标准（2017年版）》根据《中国学生发展核心素养》和高中化学课程特点，提出“宏观辨识与微观探析”“变化观念与平衡思想”“证据推理与模型认知”“科学探究与创新意识”“科学态度和社会责任”五个方面的高中化学核心素养。这五个方面的核心素养“将化学知识与技能学习、化学思想观念的构建、科学探究与问题解决能力的发展、创新意识和社会责任感的形成等多方面的要求融为一体，体现了化学课程在帮助学生形成未来发展需要的正确价值观念、必备品格和关键能力中所发挥的重要作用”。为实现教学价值与学生发展，教师要把它们有机融合在整个化学教学过程中。

一、融合学科教学与学科德育

学科教学和学科德育之间相互联系，密不可分。但在现实教学中，却客观存在德育从独立走向孤立的情况。有些学校将教学任务给予学科教师，把德育任务给予班主任。当班主任负责德育时，个别学科教师无形中忽视了德育。当教学失去德育的引领后，个别教师就会越发地关注学科知识，从而把学生当作知识的容器而非学习的主体。一个没有灵魂的课堂，一个没有主体的课堂，不管形式多么热闹，都是静默的课堂。实现教学价值与学生发展的教学应是让德育进学科，让德育进课堂，应是学科教学与学科德育的有机融合。

化学寓德育于千变万化之中，承载着“化育”之责任。在化学教学中，既要彰显化学特色，又要发挥其德育之功能。

二、融合学科教学与学科美育

学科美育可以从以下三个方面开展：一是挖掘知识本身的美——知识的排列美、逻辑美、形式美、语言美、韵律美等；二是追寻知识发展的美，即知识被发现、传播的历史；三是宣传人类创造知识的美，即科学家发现知识、发明技术、创造奇迹、改变历史的奇妙场景和动人故事。好的教学应是学科教育与学科美育的融合。

化学千变万化，奥妙无穷。皇冠型分子、足球烯、立方烷等展示了分子结构之美；化学史上有“十项最美实验”；元素周期表体现规律之美，蕴含做人之道理等。化学教学中应充分展示化学之美，让学生在获得学科知识的同时受到化学之美的熏陶。例如，融合美育的化学元素周期表学习可以让学生充分体会化学之美。

一、元素周期表的规律美

元素的周期序数 = 元素原子的电子层数。

主族元素的族序数 = 元素原子的最外层电子数（副族元素的族序数 = 元素原子的外围电子数）。

主族元素的原子序数为奇数时，其主族序数也为奇数；主族元素的原子序数为偶数时，其主族序数也为偶数。

第一到第七周期的元素种类数分别为 2、8、8、18、18、32、32，数字本身为同主族相邻元素的原子序数之差、不同数字之差形成等差数列。按照规律，可由短周期元素的原子序数推出与其同主族的其他元素的原子序数，也可预测第八周期、第九周期的元素种类数（各 50 种）。曾经门捷列夫成功预言某些元素的存在、某些元素相对原子质量的测定有误等。

二、元素族的排列之美

周期表有 18 个纵行，16 个族，周期表中从左至右依次ⅠA、ⅡA、ⅢB、ⅣB、ⅤB、ⅥB、ⅦB、Ⅷ、ⅠB、ⅡB、ⅢA、ⅣA、ⅤA、ⅥA、ⅦA、0，呈现了音乐的韵律美。

三、元素周期表的哲理美

量变引起质变：仅仅是原子核内质子数的改变，却导致了元素种类的改变，这是“量变引起质变”的自然科学例证。它告诫我们“勿以善小而不为，勿以恶小而为之”。

事物的发展呈螺旋式前进：元素的排列呈现周期性变化，这符合事物发展的一般规律。这告诉我们前途是光明的，但道路是曲折的，我们应该奋勇向前，百折不挠。

四、周期表的色彩美

周期表中有不同的颜色，以人教版教材为例，周期表中元素符号有黑色和红色，红色代表的是放射性元素；元素的底色有绿色、浅绿色和浅蓝色，绿色代表非金属元素，浅绿色代表金属元素，浅蓝色代表稀有气体元素；金属元素与非金属元素之间有明显的分界线；线条有黑色和红色，用红色线条围起来的是过渡元素等。

五、元素名称的用字美

周期表中带有金字旁“钅”的都是金属元素（汞除外），带有石字旁“石”的为固态非金属，带有气字头“气”的为气态非金属，带有三点水“氵”的为液态非金属。

六、周期表的残缺美

第一周期中缺ⅡA、ⅢB、ⅣB、ⅤB、ⅥB、ⅦB、Ⅷ、ⅠB、ⅡB、ⅢA、ⅣA、ⅤA、ⅥA、ⅦA，第二、三周期中缺ⅢB、ⅣB、ⅤB、ⅥB、ⅦB、Ⅷ、ⅠB、ⅡB。这样的残缺反而使得周期表错落有致，表现出周期表的残缺美。

七、周期表的隐藏美

周期表第六周期中有镧系元素、第七周期中有锕系元素。镧系元素与锕系元素的隐藏使周期表的结构更紧凑。

八、周期表的个性美

第Ⅷ族的出现呈现了周期表的韵律美，改变了周期表中同族相邻必须同列的常规；0族元素的出现为每个周期画上了休止符。

元素周期表的教学，应立足于让学生习得学科知识的同时，感受元素周期表之美，认识事物的发展规律，明白一些做人的道理。

三、融合教师、学生、教材

教学涉及教师、学生、教材,实现教学价值与学生发展的教学应将教师、学生、教材有机融合在一起。

教材是依照知识逻辑和人类一般的认知规律编写的。教学，不能背离教材，也不能完全教教材。教师是使用教材的，是用教材教，而不是单纯地教教材。教材上的内容需要经过教师自己的头脑加工后再传授给学生。教学,应有教师自己的立场,但也不能只有教师自己的立场,否则会落入“教师中心”的圈套。

学生是教学活动的受益者，他们对自己需要认识的世界是以他们自己的理解方式来构建的，并非盲从和复制。教学，不能缺失学生的立场，但只有学生的立场也是行不通的，否则一不小心就会掉入“儿童中心主义”的困境。

其实，教学的基本立场不在于选择、侧重和转移，应当在融合。也就是说，应当兼顾上述三者的立场，从不同的视角出发，采取合情、合理、合适的教学策略实施教学。

四、融合多种教学方法

教学有法又无定法，贵在得法。不同时代、不同地方、不同学生、不同教师、不同教学内容、不同教学目标、不同教学环境等都会影响到教学方法的选择。在教学过程中，应把多种教学方法有机融合在一起，来落实核心素养，以便实现教学价值和学生发展。

选择教学方法的基本依据有五个方面。一是教学目标。不同领域或不同层次的教学目标的有效达成，要借助相应的教学方法和技术。教师可依据具体的教学目标来选择和确定具体的教学方法。二是教学内容。不同学科的知识内容与学习要求不同，不同阶段、不同单元、不同课时的内容与要求也不一致，这些都要求教学方法的选择具有多样性和灵活性。三是学生实际情况。学生的实际情况直接制约着教师对教学方法的选择和运用，这就要求教师能够科学而准确地研究分析学生的实际情况，有针对性地选择和运用相应的教学方法。四是教师的自身素质。任何一种教学方法，只有适应了教师的素养条件，并能为教师充分理解和把握，才有可能在实际教学活动中有效地发挥其功能和作用。因此，教师在选择教学方法时，还应当根据自己的实际情况，扬长避短，选择与自己相适应的教学方法。五是教学环境条件。教师在选择教学方法时，应最大限度地运用和发挥教学环境条件的功能与作用。

科学、合理地选择和有效地运用教学方法，要求教师能够在现代教学理论的指导下，熟练把握各类教学方法，合理选择适宜的教学方法并进行优化组合。

五、融合多种问题呈现方式

学生是活生生的主体，在课堂上，长期使用任何一种固定的教学模式都会让学生感到厌倦。教学过程中应融合多种课堂呈现方式以保持课堂的生命力。

从学习本身来看，课堂教学通常是以问题来呈现知识的，教学问题呈现的方式过于单一是造成教学问答模式化、程式化和课堂枯燥乏味的重要原因之一。要丰富课堂内涵，使之符合学生的学习心理，就必须运用多样化的问题呈现方式，赋予学生以文本角色，给予学生猜想、自问和运用语言表达的机会，才能实现课堂的高效、有趣和生动活泼。

从外部影响来看，学生的精神状态需要不断刺激以保持精力旺盛。课堂点缀不失为好方法，如唱歌、猜谜、接成语、讲故事、说笑话、变魔术、模仿秀、演讲比赛、运动锻炼等都可以为课堂所用。但应用时要注意，课堂点缀是用来增加课堂魅力的，所以课堂点缀要合时宜，要目的明确。

六、融合不同学科

不同学科之间不是孤立的，它们之间存在一定的联系。一个学科教师的教学在彰显学科特点的同时，也要注意各学科之间的联系，使其有机融合。

学科融合为学生提供了更加宽广深远的发展空间，是新课程倡导的一个重要理念，也是课程改革的必然要求。实现教学价值与学生发展的教学应是跳出学科教学科，使不同学科有机融合。

七、融合学科教学与教育技术

教育技术的发展为教学注入了生机，促进了学科教学的发展。如线上教学、模拟场景、直观展示、教学资源开发利用等都在教学中发挥了重要作用。在教学中，要充分发挥教育技术的作用，使学科教学与教育技术有机融合在一起。

综上所述，教学过程应是恰当运用教学方法和教学策略、充分发挥学生主动性、落实核心素养的过程，需要广大教师不断地研究、实践、反思、感悟，以使教学过程更趋于合理化、科学化。

教学过程是复杂的，是具体的。教学永远是现在进行时。教师要不断研究教学，在教学过程中注重融合，以促进学生全面发展，这正是教学价值之所在！

运用乡土史资源强化家国情怀培育

开封市第二十五中学　刘　坚

在历史学科中培养家国情怀主要是培养学生形成高尚的情怀与人文素养，促使学生可以正确地思考与面对社会与生活中的问题。其中，乡土史资源是蕴含着家国情怀培育的良好素材，可以借助课堂教学、学习探究与社会实践等几种途径，引导学生更加深入地了解自己家乡的历史，培育学生的家国情怀。

一、结合乡土史资源教学，唤醒学生内心的家国情怀

在高中历史教学中，教师可以结合乡土史资源让高中历史课堂变得更加接地气。高中历史课本一般侧重于国家历史知识，这对于有效培育学生的家国情怀具有重要的意义。此外，教师不妨从课内延伸到课外，引入乡土史资源中的有关内容，让学生真实地感受到家乡的历史，从而点燃他们渴望了解自己家乡历史的激情，转被动为主动，进一步唤醒学生内心的家国情怀。

例如，在“抗日战争”教学过程中，如果只是让学生了解一些抗日战争中的著名战争，学生可能并不懂得战争胜利的意义。教师不妨结合本地发生的抗日故事，进一步激发学生主动探究抗日战争相关知识的热情，使他们意识到抗日战争胜利是中国人民一百多年来第一次取得反对外来侵略斗争的完全胜利，大大增强了全国人民的民族自尊心和自信心，从而进一步唤醒学生内心的家国情怀。

二、深入挖掘乡土史资源题材，落实学生家国情怀素养的培育

高中历史教师要想进一步开发乡土史资源的育人功能，促进学生历史核心素养的提升，应当开展相关的教学实践活动，从源头上引导学生深入探究乡土史资源。大量教学实践证明，乡土史资源题材的挖掘应当从历史实践中出发，从学生的生活与学习入手，以实践活动为切入点，引导学生认识家乡的社会历史与现状，促使学生树立强烈的社会责任感，全面落实学生家国情怀素养的培育。

例如，在“从计划经济到市场经济”的教学过程中，教师可以引导学生开展“我家经济水平的变化”调查。学生在实践中了解到在爷爷年轻的时候，需要凭粮票与油票按照规定购买等量的粮油；到了自己的父母年轻时，则只需要拿着手中的货币购买自己所需要的东西；到了如今，物质更加丰富，人们购买的方法和购买商品的选择也更加多样化了。学生们经过考察之后感受到了中国从计划经济走向市场经济变化的历史过程，且在实践中真正了解了中国市场经济的优势，将家国情怀落到了实处。

三、拓展研究乡土史资源活动，升华学生家国情怀的境界

家国情怀的培育需要宣传教育、引领示范，同时也需要学生深入实践。在具体的历史教学中，教师精心策划高中历史教学实践活动，是升华学生家国情怀境界的有效途径，同时也是对高中历史课堂教学内容的有效补充。高中历史教师可以引领学生组织历史社团，并在社团活动中开展相关历史实践。首先，引领学生查阅乡土史资源，之后将相关资料进行整合与分析，进一步加深学生对乡土史资源的了解，充分激发学生对家乡风土资源的学习兴趣。由于学生的历史实践时间有限，教师需要从学生的学习实际出发确定探究的范围，激发学生对历史的浓厚兴趣，提升学生的实际学习能力，进一步升华学生家国情怀的境界。

例如，在“新文化运动与马克思主义的传播”教学过程中，教师在学校成立历史社团，鼓励学生积极参与到社团活动中。在开展课堂教学之前，教师首先让学生查阅关于新文化运动的相关思想、马克思主义思想的传播

途径，以及乡土史资源中与之相关的内容，如一份报纸、一个老物件、一个人物等。接着，鼓励学生对查阅的材料进行分类与整理，通过课件展示出来。这一系列实践活动进一步加深了学生对于新文化运动与马克思主义的理解，激发了学生对于历史探究的好奇心，真实地感受到家国情怀的情感熏陶。

综上所述，高中历史课堂教学运用乡土史资源开展探究性学习，组织学生进行社会实践，强化家国情怀素养的培养，在一定程度上实现了学生的综合发展。

第二章

初中篇

核心素养理念下的教学价值与学生发展*

新乡市基础教育教学研究室　王红奎

教学价值应该追求什么？这是关乎我国学校教育、学科教学方向和途径的根本问题。

教育部教材局负责人就普通高中课程方案和课标修订答记者问中说，长期以来，我国教育的宏观育人目标是明确的，而中观的学科育人目标则比较笼统，这就容易造成微观的教学目标只关注具体的知识学习。

2014 年 3 月，教育部印发《关于全面深化课程改革　落实立德树人根本任务的意见》，提出“将组织研究提出各学段学生发展核心素养体系”。2016 年 9 月，《中国学生发展核心素养》研究成果在北京师范大学发布。学生发展核心素养以培养“全面发展的人”为核心，分为文化基础、自主发展、社会参与三个方面，综合表现为人文底蕴、科学精神、学会学习、健康生活、责任担当、实践创新等六大素养，具体细化为国家认同等十八个基本要点。

同时，围绕学生发展核心素养体系，各学科凝练、提出了本学科的核心素养，明确了学生学习该学科课程后应形成的正确价值观念、必备品格和关键能力。2018 年 1 月，我国《普通高中课程方案和语文等学科课程标准（2017 年版）》经教育部审批通过，并于 2018 年秋季开始执行。

学生发展核心素养，主要指学生应具备的、能够适应终身发展和社会发展需要的必备品格和关键能力。它是关于学生知识、技能、情感、态度、

---

* 本文为 2017 年度河南省基础教育教学研究项目“‘互联网 +’环境下初中物理翻转课堂‘1+3’教学模式的构建研究”（课题编号：JCJYC1706zy20）阶段性成果之一。

价值观等多方面要求的综合表现，是对学生综合素质具体的、系统化的描述。由此可见，核心素养是党的教育方针的具体化，从中观层面深入回答“立什么德、树什么人”的根本问题。

因此，核心素养应该是学校教育、学科教学的价值追求，是教育教学、考试评价的出发点和归宿。教师应该转变教育目标指向，在传授学科知识过程中，更加关注学科思想、思维方式、价值观的培养，把立德树人根本任务落到实处，促进学生全面健康发展。

围绕学生发展核心素养的落实，需要学校和教师从各个教育环节、各个教学要素进行变革，形成以学生发展为核心的完整的课程、教学、评价育人体系。对此，教育部特别建议要“围绕学科核心素养的落实，精选、重组教学内容，设计教学活动，提出考试评价的建议”①，那么，如何有效实施这些措施呢？本文结合理论阐释和实践经验解析，针对初中物理教学提出如下教学建议。

一、精选教学内容，开阔学生视野

在应试教育中，教学内容的选择往往过于关注考试的需要，表现出学科本位和知识本位的特点。对于课标规定的内容、教材编写的内容，教师们总是关心它们是不是考点，是不是硬考点。如果不是，或者无法体现在考卷上的就不教不学。另外，传统教学过于注重书本知识，教学内容和习题训练“繁难偏旧”，容易让学生失去学习的兴趣。

首先，基于核心素养看待学科教学，要求教师要精选教学内容，开阔学生视野、丰富学生见识。《基础教育课程改革纲要（试行）》对此指明了方向和措施：“加强课程内容与学生生活以及现代社会和科技发展的联系，关注学生的学习兴趣和经验，精选终身学习必备的基础知识和技能。”

其次，基于核心素养的视野，教师应该全面审视课程内容在学生身心发展上的教育教学价值。例如，《普通高中物理课程标准（2017年版）》中规定：“探究影响感应电流方向的因素，理解楞次定律。”该条目要求

① 教育部网站：教育部教材局负责人就普通高中课程方案和课程标准修订答记者问。

学生学习楞次定律的内容，并达到“理解”的程度。这是比较高的教学要求，因为该内容是物理学科的重点内容。同时，它要求学生通过实验探究来理解该内容，这是对教学活动的过程性要求，要让学生经历科学探究的过程、建构物理学科知识。其价值在于：有利于培养探究能力、问题解决能力，构建物理思想方法，养成实事求是的科学态度，提升学生信息素养，改善评判性思维品质。

再如，《普通高中物理课程标准（2017 年版）》要求“查阅资料，了解电磁感应现象的发现过程”，多个版本的教科书为了体现这一要求，编写了大篇幅的物理学史内容。但是，在教学实践中发现，个别教师因为该内容不是考试重点而对此不闻不问。这是狭隘的教学观。教师应该认识到这些内容和教学活动不仅有利于学生了解相关物理知识内涵，更有利于学生了解人类文明进程，既能增强学生的民族自豪感，又能增强学生的全球意识，养成开放心态。这些价值正是学生发展核心素养的内涵所在。

最后，教师应该创造性地设计教学活动，以学科知识教学为载体让学生获得全面发展。例如，《普通高中物理课程标准（2017 年版）》中要求“认识原子核的结合能，了解核裂变反应和核聚变反应。关注核技术应用对人类生活和社会发展的影响”。教师应该如何创造性地教学呢？在一个教学案例中，物理教师让学生收集资料分析论证“社区医院是否应该开展放射诊疗业务”。这样的“决策”活动，不仅有助于学生深入理解放射线的相关知识，而且有助于学生深刻理解科学与技术的内涵，有助于发展学生决策思维能力，有助于引导学生广泛而深入地思考科学、技术、社会、环境之间的关系（STSE 教育）并建立科学价值观。它也引导学生关注人类面临的全球性挑战，是社会责任与社会参与、人文情怀的体现。可见，这样的教学超越了狭隘的知识传授，而是以知识学习为载体综合发展了学生的核心素养。

二、变革教学方式，促进学生深度学习

传统教学以教师为中心、以传授知识为直接目的，形成了教师单向灌输、学生被动接受的状况，它忽略了学生在学习中的主体性，在某种程度

上压抑了学生的创造性、个性。

2017 年 9 月，中共中央办公厅、国务院办公厅印发了《关于深化教育体制机制改革的意见》，其中指出在教学中应该“建立以学生发展为本的新型教学关系。改进教学方式和学习方式，变革教学组织形式，创新教学手段”。

基础教育课程改革高度重视教师教学方式改革，要求教学方式多样化，突出探究、合作、自主学习；各学科课程标准中也都提出了教学要求、教学建议。这些都为教师改变教学方式指明了方向。

教育实践中也涌现出大量值得教师学习借鉴的改革经验。如：

昌乐二中探索的合作学习，突出学生主体性，促使学生个人自学、同学互助，重视和激发学生思考、兴趣，学生的活力、课堂的丰富性得到体现，彰显了教学价值。

美国的明星教师罗恩 · 克拉克，在课堂上总是充满激情，他可以站在桌子上讲课；他会把课堂布置成一个手术现场；他会给六年级的孩子讲八年级的数学，允许他们在走廊的地面上写数学题……他总是会用各种各样的方式吸引学生的注意力，《罗恩老师的奇迹教育》一书详细介绍了他的各种方法，让我们看到了教学方式、组织形式的多样化，值得教师思考、借鉴。

笔者研究建构的“互联网 +”背景下初中物理“1+3”教学模式，充分利用网络教学资源，引入网络学习方式，提出了传统教学、微课和翻转课堂融合的教学模式。

教师要充分认识到教学方式转变在引领学生学习方式转变、学习品质改善、学生全面发展方面的重大意义。教学方式的转变，如问题导向学习（PBL）、任务导向学习（TBL）、成果导向学习（OBL）引导学生深度学习，能够让学生深度参与教学过程且深刻把握学习内容。这种深度教学就过程性特征而言，促使学生“深度参与”教学过程，它不是仅靠记忆、理解，还需要操作、体验、批判、反思等学习活动；就结果性特征而言，它使学生“深刻把握”学习内容，不仅仅记住知识的符号、含义，而且能够把握知识背后的价值、逻辑、方法并运用知识进行创造。

可见，深度教学涉及学生在教学过程中的投入程度、认知状态、思维层次、情感状态等问题，不仅促进学生对知识的深度学习，实现知识向经验、思想、能力的深度转化，而且随着丰富的情感体验，有利于建立情感态度价值观，综合发展学生的核心素养体系。

当然，仅强调教师教学方式转变是不够的，学校也应该为教师教学改革创造条件。例如，在学校层面上，要转变办学思想，改变精英教育的思想和模式。教育是为每一个学生的发展服务的，学校可以通过分层教学、个性化教学来体现因材施教思想，树立人人皆可成才，才不同方式也应不同的理念。这才真正是教育价值的体现。再如，学校也应该逐步消除大班额，为教师因材施教、师生密切互动创造条件。

三、实施课程改革，助力学生发展

课程在学校教育中处于核心地位，教育目标、教育价值主要通过课程来体现和实施。课程类型多样、各具特点和价值，因此，学校课程改革应该考虑课程结构的均衡性、综合性、选择性，充分发挥各类课程的功能，全面发展学生核心素养。

学校课程改革迫在眉睫。学校应该以学生发展核心素养为课程设计的出发点，结合新高考方案，结合学校特色和学生特点重构学校课程体系，通过多样化的课程落实核心素养目标。

教育实践中常见的课程类型有学科课程、社会实践课程、兴趣特长课程和项目研究课程等。常见的课程实施方案如：将国家课程校本化，有效利用必修和选修教材，推进课程的分类分层学习，满足学生参加高考、学业水平等级考试、高校自主招生考试等不同的需求；开发满足学生潜能发展和兴趣爱好要求的课程；研发各学科项目研究课程，让学生自主选择学科研究室，以项目研究方式进行学习，满足高素质的学科特长生发展的需要。针对以上课程，学校组织指导学生选课、走班、分层次组合，实施个性化教育；为学生提供实验室等场地条件，制定科学合理的培养方案，鼓励学生自主学习和研究，不断摸索适合自己的学习方法，挖掘学习潜能，寻找专业成长的方向，为进入大学、选择专业做好充分准备。

例如，济南十四中把初中三年的国家课程、地方课程、学校课程按照“顶天立地”的原则，进行重新拆分、调整、补充、组合，构建起一套更符合本校学生发展需求、“分层、分类、综合、特需”的课程体系，促进学生个性化发展。

当前，正在兴起的研学旅行活动也是一种新形态的课程，其在培养学生核心素养方面的综合作用、独特价值受到社会关注。研学旅行是学生集体参加的有组织、有计划、有目的的校外参观体验实践活动。它让学生走出校园，在与平常不同的生活中拓展视野、丰富知识，加深与自然和文化的亲近感，增加对集体生活方式和社会公共道德的体验，提升学生的自理能力、创新精神和实践能力。

四、建立发展性评价体系，促进学生全面健康发展

评价对教育教学活动起着重要的导向作用。传统教育以应试为导向、唯分数论英雄，不利于教育和学生的健康发展。

基于核心素养的视野，应该建立一种发展性评价体系，改变课程评价过分强调甄别与选拔的功能，发挥评价促进学生核心素养全面发展的功能。评价功能的变革是根本，它带动了评价的内容、标准、方法、主体等方面的变革。因此，教师要充分发挥评价的诊断、激励和发展功能，在教学活动中，基于学生发展核心素养，了解学生发展中的需求，诊断学生在发展中的优势与不足，将评价结果及时反馈给学生，帮助学生认识自我，并在此基础上提出有针对性的指导意见，有效促进学生在原有水平上的发展，做到评价与教学活动有机结合。

北京师范大学中国基础教育质量监测协同创新中心曾经提出了区域教育质量健康体检的概念，杭州上城区与北京师范大学合作进行教学评价方式的改革，他们用了 5 年的时间进行探索，研究制约学生发展的关键症结，谋求通过变革教学评价方式进而给学生带来改变。上城区专门成立了督导与评价中心，用了 5 年时间为全区学校、教师和班级提供了约 3.2 万份反馈报告。在学生评价方面，改变评价标准、关注学生基本素养，测评学生不仅关注学生的学业成绩、学习兴趣、学习态度，更关注情绪情感、价值观、法律意识等基本素养。改革成效体现在学生的发展上，5 年来，上城区学

生学业水平提升明显，学生们的幸福感、社会公正感等逐年提高，孤独、焦虑和抑郁情绪等逐年下降。

综上所述，教育教学的价值追求应该是培养学生核心素养，促进学生全面健康发展。这是一项系统工程，我们应该从教育理论、政策法规、实践经验中汲取力量，从精选教学内容、变革教学方式、实施课程改革、建立发展性评价体系等方面入手建立完善的育人体系，全面落实学生发展核心素养，实现我国教育事业的内涵式发展。

让学生“活”在历史中

河南省第二实验中学　王　涛

一、历史学科的教学价值何在？

历史学科的教学价值何在？古今中外的先贤、伟人们用他们精辟的言论回答了这个问题。《论语·述而》中记载：“子曰：‘我非生而知之者，好古，敏以求之者也。’”可见孔老夫子认为“好古”也就是学习历史可以让人成为“生而知之”者。唐太宗李世民说“以史为镜，可以知兴替”，英国思想家培根说“读史使人明智”，毛泽东同志说“读历史是智慧的事”，习近平同志在中共中央政治局第十八次集体学习时说“历史是最好的老师”，从他们的论述中，我们可以更全面地理解历史学科的教学价值——不仅能够助力人的发展，而且对国家民族的发展具有重要的作用。

作为初中历史学科教学出发点和归宿的《义务教育历史课程标准（2011年版）》（以下简称《标准》）对历史课程的定位和价值是这样表述的：“义务教育阶段的历史课程，是在唯物史观的指导下，弘扬以爱国主义为核心的民族精神和以改革创新为核心的时代精神，传承人类文明的优秀传统，使学生了解和认识人类社会的发展历程，更好地认识当代中国和当今世界。学生通过历史课程的学习，初步学会从历史的角度观察和思考社会与人生，从历史中汲取智慧，逐步树立正确的世界观、人生观和价值观，提高综合素质，得到全面发展。”这不仅是初中历史课程的价值所在，而且应当是对初中历史学科教学价值的最权威表述。

二、初中历史学科的教学价值与学生成长的关系如何？

党的十八大报告指出，要“坚持教育为社会主义现代化建设服务、为人民服务，把立德树人作为教育的根本任务，培养德智体美全面发展的社会主义建设者和接班人”。细读《标准》，不难发现，作为人文科学重要的组成部分，初中阶段的历史学科和其他人文科学一样对于促进学生全面发展和终身发展有着重要的教学价值，具有思想性、人文性、基础性和综合性。初中历史学科教学还具有与其他学科不一样的独特价值，就是让处于身心发育关键期——青春期的初中生在学习人类历史发展过程中提升自己的人文素养。具体而言就是：通过中外历史基本知识的教学帮助学生在了解历史常识的同时，初步具备学习历史的基本方法和基本技能，形成基本的唯物主义历史观；在中华文明和中华民族优秀文化的教学中，培养学生的爱国主义情感，树立民族平等、民族团结共同发展观念，坚定社会主义的理想和信念，以及以改革创新为核心的时代精神。在教学中让学生能够以史为鉴，学会从历史的角度观察和思考社会与人生，从历史中汲取智慧；开拓国际视野，初步树立正确的世界观、人生观和价值观，为他们成为身心健康的具有良好综合素质的合格公民奠定一生的基础。

综上所述，初中历史学科对于促进学生全面发展有着重要的价值。

三、如何让初中历史学科的教学价值在学生成长中得以彰显？

既然历史学科教学价值对于学生成长如此重要，那么，如何让初中历史学科教学价值在学生成长中得以彰显呢?

1. 活学历史——不死记硬背的历史教学对学生成长更有价值

郑渊洁曾说过：好老师用五十种方法教一个学生，差老师用一种方法教五十个学生。自课程改革以来，随着评价制度的推进，用死记硬背一种方法教学生以求取得好成绩的历史教学已逐步成为过去式。只有真正遵循初中生身心发展规律，将每个学生视为独特成长的生命个体，按照《标准》要求的“灵活采用多样化的教学方式和方法”，为每个学生提供适合的教学，让其活学历史，才能更好地促进学生成长，彰显历史教学的价值。

例如，天津耀华中学的陈瑞老师在八年级历史课“西欧殖民主义的扩张”教学中采用了包含图片、文字、数字、影视和语言、动作等在内的情境教学方法，收到很好的效果。“以表演的方式来学习是同学们非常喜欢的学习方式之一，同学们往往在轻松愉快的学习氛围中轻而易举地掌握了该课的知识要点……有助于做好预习，有助于理解课文，有助于知识的记忆，有助于发挥同学们的表演才能，增强了同学们的友谊。不少同学都想在下一次上台展示一下自己的才能。”①

我的历史教学也是如此。多媒体演示、编唱历史歌曲、历史课本剧表演、小小百家讲坛、绘制知识树、历史故事会、小小收藏家、同伴讨论、情境探究、小组竞赛、手机答题、网络直播等根据学生身心发育特点设置的教学方式深受学生欢迎。就算是学生最头疼的历史年代与事件记忆，我也在学生理解的基础上提供了“界碑”式时间记忆推导法、谐音联想记忆法等多种历史学法。例如，在学习戊戌变法时，我就用谐音联想的方式让学生迅速掌握了相关知识。我将变法时间 1898 年用谐音方式念成 1（要）8（发）9（就）8（法），帮助学生联想戊戌变法是维新派的做法。康有为、梁启超等维新派在闻听甲午中日战争中国战败被迫签订《马关条约》后，深感中国面临亡国灭种的危机，国家要（1）发（8）展就（9）必须变法（8）。

在这样的课堂上，学生们听得特别认真，不仅掌握了知识，还掌握了学习方法。

2. 学“活历史”——让枯燥乏味远离的历史教学对学生成长更有价值

历史之所以让很多人感到枯燥乏味，是因为历史的时序性特征造成的。史实存在于特定的时空，时间无法重来，历史无法重现。所以，很多人觉得历史远离自己的生活，只是博物馆里冰冷的文物或者故纸堆中枯燥的记录。

但是，这几年的《鉴宝》《如果国宝会说话》《国家宝藏》等节目的播出，让很多人开始觉得历史离自己并不远，甚至喜欢上了历史。其实早在很多年前，我们已经开始了类似的教学探索，让很多学生和家长看到了“活历史”。因为《标准》要求“对历史课程资源的积极开发与充分利用，是历

① 陈瑞：《情境教学法在初中历史教学中的一次尝试》，《历史教学》2005 年 12 月，第 71 页。

史教学顺利进行的基础条件。历史学科所具有的独特性质，使其拥有丰富的信息资源。在历史课程的实施中，教师要强化历史课程资源意识，因地制宜地开发和有效利用各种课程资源”。《标准》还提出“引导学生积极参与校外的历史考察和社会调查，在实践中发现问题，并运用已学的历史知识、技能和方法去解决问题，提高实践能力。如对学校周边的文物古迹、社区、村庄、企业等进行历史沿革、发展现状的调查，搜集相关的资料、信息，并加以整理和分析，进行较为完整的叙述，提出自己的见解”。

因此，在进行“改革开放”内容的教学时，我设计的“三代过年方式调查”“老照片展”“家谱制作”等教学内容，让 40 多年前的改革开放通过学生亲人之口生动地呈现在学生的面前。改革开放不再是课本上的照片、文字或者不太容易理解的概念，而是活生生影响着现实的历史。在学习商代历史时，我带着学生来到郑州商代城墙遗址和商城遗址公园现场实地考察。在学习中，距今 3600 多年的历史不再虚无缥缈，而是看得见、摸得着的历史遗存。有的学生反馈说，以前就在这些地方玩儿，竟然不知道这就是商代都城的城墙。商代的历史竟然就在我们的脚下，是我们生活的一部分。有的学生在参加学习后感叹，原来以为商城遗址公园竖立的是后母戊鼎复制品，现在经过学习才知道是郑州鼎复制品。还有的学生这样说，自从上了这样的课，不仅对历史的兴趣提高了，更重要的是了解了郑州的历史，更以是一名郑州人而骄傲。

3. 让学生活在历史中

历史教学的终极价值应当是培养“德智体美全面发展的社会主义建设者和接班人”，而未来国家的历史就应当是这样一群人来书写，所以应当用初中历史教学激发他们活在历史中的感悟。

在初中历史教学中，巧用故事、视频等各种课程资源创设情境，让学生浸润在英雄人物的光辉事迹和历史的家国情怀中，让他们与历史产生共鸣，进而树立起正确的世界观、人生观、价值观和坚定的理想信念，一直是我们努力的方向。

在学习焦裕禄事迹时，我们没有在教室中进行，而是利用七年级清明节校本课程“祭英烈，铸青春”和焦裕禄同志的孙女在我校就读的课程资源，让学生在肃穆庄严的氛围中，面对焦裕禄同志之墓，和焦裕禄同志的孙女一起进行了学习。我们在八年级校本课程“黄河”中为孩子们准备了丰富的课程资源，让孩子们来到黄河边的花园口事件记事广场进行学习。学生们担任小老师，介绍了黄河的伟大历史，回顾了花园口事件带来的灾难，明确了黄河对河南的重要性，最后提出了开放性问题：如何保护美丽的黄河湿地环境，保护母亲河？学生们用行动表明了历史教学在他们成长中的价值。教学结束时，学生们捡走了他们在黄河边看到的所有垃圾，还母亲河一个干净的环境。他们的行动正在创造着成长的历史，让作为一名历史教学工作者的我倍感光荣！

总之，历史教学价值对于学生成长十分重要。在学生成长中要彰显历史教学的价值，必须处理好历史学科教学与学生成长目标和现实身心发育之间的关系。在实际教学中，要依据学生身心特点，巧妙设计学科教学过程，发挥历史学科独特的人文教育作用，让学生活学历史，学“活历史”，活在历史之中，为国家、民族做出贡献！

今天我们怎样上好初中数学课

济源市济水一中 孔冬青

在注重促进学生学科核心素养发展的今天，初中数学课堂究竟应该教给学生什么？应该怎样为学生的终身发展奠定基础？笔者根据多年的教学实践，认为上好初中数学课应从以下三个方面着手。

一、以培养学生的学科核心素养为出发点整合数学知识

很多学生在小学阶段数学学得还可以，但到了初中很努力却也学不好！还有些学生在初中虽然学得很吃力，但还能考个不错的成绩，可到了高中数学成绩却变得一塌糊涂！为什么那么多学生感到数学越来越难学？为什么那么多学生不愿学数学？究其原因，是个别教师在教学中照搬教材，单纯讲解一个个知识点，而忽略知识之间的整体联系和学生认知的自主发展能力，从而导致学生只能靠简单模仿、大量重复练习学习数学，享受不到学习数学的乐趣。

《义务教育数学课程标准（2011 年版）》指出，初中数学课程的总目标是使学生“获得适应社会生活和进一步发展所必需的数学的基础知识、基本技能、基本思想、基本活动经验。体会数学知识之间、数学与其他学科之间、数学与生活之间的联系，运用数学的思维方式进行思考，增强发现和提出问题的能力、分析和解决问题的能力。了解数学的价值，提高学习数学的兴趣，增强学好数学的信心，养成良好的学习习惯，具有初步的创新意识和实事求是的科学态度”。根据课标要求，可从以下两个方面整合数学知识，丰富数学课堂。

1. 关注知识的系统性——教知识的来龙去脉

教材给教师提供了教学的蓝本，但并不是要求教师就教材教教材。因此，教师要仔细斟酌课标要求，统揽不同版本的教材内容，认识知识产生的过程。如果希望学生学好数学，就必须先让学生了解知识系统。孤立的知识点教学就像把一滴水从大海中取出，很快就会干涸，而只有把这一滴水放进大海之中，它才会拥有生命。所以，要能够引导学生把每一个知识点放在知识链中去研究。

很多时候，教师在教学中对数学知识的来源及应用等问题一概不管，而是拼命去做中段训练。而这种没有了源和流的数学知识学习，难怪会让学生觉得数学枯燥了。

许多教师都有这样的经历：七年级的“有理数的运算”看似无内容可教，但学生却经常出错。“负责”的教师会不厌其烦地让学生反复进行练习。一遍又一遍的训练后，学生的出错率仍然很高。这个不难的知识点学生学不好的原因，其实就是教师被局限在教材知识点的框架内，按照一个知识点一个例题“掐头去尾烧中段”的方式进行教学，割裂了数学知识整体之间的联系，割裂了数学知识与人的生活世界的联系，割裂了数学知识与人发现问题、解决问题、形成知识过程的联系。学生不清楚知识的来龙去脉，简单照搬例题，很难内化为自身认识，更谈不上真正掌握了。

在这部分内容的学习中，如何培养学生的数学学科素养，需要我们“心中有数”。就数学知识结构而言，对数的认识开启了代数学习的篇章。所以，教师要让学生掌握数运算的研究路径，为后面学习式的运算进行类比迁移打下基础。因此，只有明确了数与代数的知识结构，才能准确定位要教给学生什么。有理数运算教学，首先要告诉学生在计算时要识别模型，即看清已知条件。其次不仅要关注计算能力的培养，还要渗透逻辑思维能力的培养。一个计算题相当于一个证明题，题设就是给出的式子，计算结果就是要证明的结论，只不过结论需要运用演绎推理法，从条件出发，运用定义、定理、法则、运算律等推理得出，计算的过程就是推导过程，落实计算的过程就是落实逻辑推理核心素养的培育过程。教学中，教师应重视推理能力的培养，把知识系统化、整体化，使学生不但学好有理数的计算，也为后续学习式的运算打下基础。

2. 关注知识的育人价值——挖掘隐性知识，教有用的数学

备课是教师对教材的“二次开发”，而不是简单地照搬套用。教师的智慧就在于把学科知识激活，让学科内在的生命能量与价值显现出来。所以，我们要学会广义备课，挖掘隐性知识，关注数学学科的育人价值。

首先，关注数学与生活的联系，培养学生的创新意识和实践能力。数学来源于生活，应用于生活，现行教材中的“综合与实践”模块，每一册后面的“课题学习”都体现出这一点。这些板块的设置，目的是让学生基于自身的经验，在教师的指导下，从问题情境出发，综合所学的知识独立思考或者与他人合作，经历发现问题、提出问题、分析问题和解决问题的全过程，感悟数学各部分内容之间、数学与生活实际之间、数学与其他学科之间的联系。这也是引领学生进行实践性、探索性和研究性学习的主要平台，可以充分发展学生的动手、动口能力，培养学生学习数学的兴趣，增强学生学习数学的信心，有助于培养学生的应用意识、创新意识和模型思想。

对于这些模块的教学，不是教，而要做，要和学生一起挖掘生活中的课程资源，培养学生独特的观察视角，使他们学会用数学的眼光认识和发现生活中的数学，经历应用数学知识解决生活中的问题的全过程，让学生切身体会到数学的应用价值，同时在探索过程中培养他们发现问题、提出问题、分析问题、解决问题的能力。

其次，用数学文化的传播培养学生良好的意志品质和探索精神。数学特有的内在的知识结构、数学知识创生和发展的过程，以及诸多的凝聚着前人智慧的数学发明和创造，本身就是一本活生生的教科书。它可以激发学生主动探索的欲望，提供学生探索知识的方法和思维的策略。我们应该重视对数学文化的介绍和学习。

再次，数学教学要渗透数学思想和方法，教给学生数学的语言系统，为学生提供认识事物数量、数形关系及转换的不同路径和独特视角，教给学生发现事物数量、数形关系及转换的方法和思维策略，为学生提供唯有在数学学科的学习中才有可能经历和体验并建立起来的独特思维方式。

最后，数学教学还要培养学生良好的学习习惯和意志品质，培养学生合作学习的意识和能力。今天看来，最有价值的知识是能化为智慧、化为能力、化为品格的知识，也就是说是能促进学生核心素养发展的知识。

二、在教学活动中落实学生学科核心素养的培养

我们知道，数学知识只是数学学科核心素养的载体，教学活动才是培养数学学科核心素养的渠道。在教学过程中，应从以下两个方面入手落实学生的学科核心素养。

1. 让学生掌握研究问题的基本路径

数学教给学生的逻辑思维是其他任何学科无法替代的。如果我们能让学生掌握研究数学问题的基本路径，就能促进落实学生核心素养的发展，同时让学生体会到数学的美妙。

数学学科核心素养包含数学抽象、逻辑推理、数学建模、直观想象、数学运算和数据分析，其中数学运算是数学的本质，是最基本的素养。比如，如何通过一道有理数混合运算题培养学生的运算能力呢？第一步，要辨别式子中包括哪些运算符号，这是运算能力之基础——辨别能力的运用。第二步，具体分析运用哪些法则、性质、公式、运算律，还要确定这道题目的运算顺序，这是运算能力中分析能力的运用。第三步，合理运用法则、公式等进行简便计算，这是培养学生运算能力的核心能力——运用能力、发展能力的运用。第四步，计算结束后，检验计算是否正确，是否合理。通过反思、检验，培养学生在计算方面的评价能力。如果扎实做好这四个步骤，就可以促进学生运算能力的提高，而不至于让学生做大量的重复练习，还不见效果。

2. 让学生亲历数学问题的发现和解决过程

课堂教学中落实数学学科核心素养，必须让学生亲历数学问题的发现和解决过程，同时注重结构化教学。树立数学教学的整体结构观，不仅可以使学生对相关知识牢固掌握，熟练应用，并加以内化，更为重要的是，可以使学生因结构的支撑，而乐于、善于主动猜想与类比，促使他们真正地主动投入，形成很好的迁移能力。比如，针对全等三角形的判定定理，可以这样设计教学：首先从学生的已有经验出发，提出问题，如确定一个三角形至少需要几个条件，全等三角形的判定定理中至少需要几个条件，

如果按照三个条件进行组合，三角形的边与角共有多少种组合，这些组合能否都成为判定定理……然后对教材内容按其被发现、发展的过程进行重组与加工。第一课时，着重让学生整体感知全等三角形判定定理的来龙去脉，采用归纳发现的方法进行教学。首先提出判定三角形全等的前提性问题，以激发学生的学习需求和求知欲望；接着小组合作，选择 6 种组合中的 1—2 种进行猜想和实验验证；然后全班交流归纳概括得出 6 种组合中的 4 种能成为判定定理的结论。这一过程能让学生经历观察、发现、猜想、验证、归纳和概括等数学活动，体验全等三角形判定定理的形成过程，感受渗透其中的数学思想和数学方法，感受从特殊到一般的归纳发现思维方式。第二课时，着重让学生对判定条件进行快速判断，并灵活选择判定定理，同时掌握运用判定定理进行证明的书写格式。

我们知道，全等三角形判定定理的教学方式若放到整个初中几何判定定理的知识结构中去也能适用，所以只要我们抓好全等三角形判定定理的教学，后面判定定理的学习就可以让学生“运用结构”进行主动思考、猜想和发现。这样的教学对学生发展的价值在于不仅让学生整体感知和了解判定定理的来龙去脉，形成有意义的认识，而且让学生体验判定定理的形成过程，感受数学的思想和方法，更为重要的是使学生掌握了判定定理的知识结构和学习方法结构，在学习以后的判定定理时能够主动猜想和类比。

三、构建民主和谐课堂

苏霍姆林斯基说，在教学大纲和教科书中，规定了给予学生各种知识，但却没有给予学生最重要的东西，这就是幸福。理想的教育是培养真正的人，让每一个从自己手里培养出来的人都能幸福地度过一生。我们的数学课堂教学关注的是学生的学习行为，关注的是学生的发展，因此，我们应该从教书走向教学，从教学走向教育。也就是说，从教教材到教学生学习，从教学生学习到教学生做人。

作为教师，我们不仅要教给学生知识，更要会爱学生。我们应该构建民主和谐的课堂，让学生在我们的课堂上有安全感，要给学生足够的思考时间，让学生有时间提出自己的问题，敢于表达自己不同的见解，敢于提出自己的质疑。我们还要尊重学生的个性，尊重学生的意见，从而让学生学会尊重别人，学会学习别人的优点，学会在合作学习中分享智慧。民主和谐的课堂就是要给学生的生命以细心的体察，给心灵以真情的抚慰，让课堂有精彩的生成，出现理想中的生机盎然，为个性发展拓展空间。

课堂教学是我们再熟悉不过的工作，我们每天都在上课，但真正要把一节课上好、上得有实效，却不是一件容易的事情。在今后的课堂教学中，我们更应该理性思考，用心研究，让我们的数学课堂成为既有趣又值得反复回味的课堂，成为既能夯实学生的基础又蕴含数学思想方法的课堂，成为既能启迪学生智慧又能开阔学生眼界的课堂，成为既能体现数学价值与实际广泛联系又能给学生更多思考与发现机会的课堂。

极简教学品格价值的实践探究

新乡市第十中学　魏　巍

教学价值是有关教学活动的功能和意义的具体体现。从结构的角度看，教学价值可以分为知识价值、能力价值、方法价值、科学精神价值、审美价值及品格价值。其中，品格价值是教学的基本价值，即在教学活动中注重通过学生的主体学习行为来进行品格的培育。品格价值是当前中小学道德与法治课程的教学价值所在。

极简，即简单到极致。它是一种呈现方式，一种设计理念，要求去形式、除繁缛，呈现事物的本真。

教学的本质是什么？教学的本质是教师教、学生学。无论运用怎样的课程理念和教学模式，这一本质是不变的，只是在“教什么”“怎样教”和“学什么”“怎样学”上有差异。教师与学生以课程为媒介，在“教”与“学”的互动中形成了相互依存、和谐共生的教学生态系统。极简教学主张在探究教学本质中建构尊重和促进学生个体生命自由舒展的教学生态，而作为中小学思政教育的重要课程——道德与法治课，就是在文明的教学生态下进行品格培育。

综观当下的课堂教学，个别背弃教学本质，追求教学方法的形式化、内容的盲目拓展或无拓展、教学活动效果的虚化现象依然存在。教学的工具价值、功利价值被片面追求，教学的品格价值仍在一定程度上被忽视。在各种教学模式、技术手段、活动方式的武装下，教学生态有时会处于一种混乱、复杂、失衡的状态，在这种情况下，学生自主、自由的生长与发展可能会受到制约，主要表现在以下几个方面：

一是有“教”无“学”，教学活动双主体的地位与作用不对等。在良性的教学生态中，教师与学生的教与学应处于相对平等、平衡的和谐状态，这种状态表现在教学的各个环节，即准备、实施、评价的全过程。但现实中，个别教师在备课时，只思考教师“怎样教”，而忽视了学生“怎样学”的问题；在课堂评价时，个别教师只关注教师“教得怎样”，而忽视了学生“学得怎样”；在课程实施中，个别教师要求并期待学生“配合”其教学行为，完全占据课堂，成为课堂的主人，而主体地位的学生被降格为“配角”。在这种只有教师“教”、没有学生“学”的环境中，教学在成全着教师的表演，而其促进学生生命成长的机能日渐萎缩，教学生态处于失衡的状态。

二是有“学”无“习”，知识学习与实践体验不平衡。完整的学习应该分为两个阶段——“学”与“习”。“学”，即知识、技术的获取；“习”，即知识、技术的实践运用，从而将其内化为能力与素养。因此，古人云：“学而时习之，不亦说乎？”新课改以来，我们提出的包括知识、能力、情感态度价值观的三维教学目标也正是契合学习的本质过程，即探究知识、培养能力、引导情感态度价值观。此理念下的学习，应是在教师的引导下获取知识，并在此基础上，通过实践体验，使之转化为能力，进而内化为情感态度与价值观。

从课程理念上讲，落实中学思政课教学目标，终极目的不是使学生掌握多少为人处世方面的道理，而是使之有情感提升、态度体悟、价值观的引领。因此，在思政课教学的三维目标中，“学”是媒介和桥梁，是基础性目标，目的是通过“习”来实现高层目标，以指导学生的行为。

三是有“合”无“作”，学生活动有形式无意义。小组合作探究是新课改以来学生课堂学习的重要方式之一，它能让学生在交流中碰撞出智慧，在互助中借力成长。小组合作探究有效有序进行的前提是要有具有合作价值的议题及具有激励作用的考核机制，但目前个别课堂的小组合作探究流于形式，“为了合作而合作”。要么是议题太简单或过难，缺乏探究的意义和必要性；要么没有合作探究的评价机制，不能调动起合作的积极性，从而出现了有学生“围拢在一起”的活动形式，却没有“做起来”的实质行动。个别有形式、无意义的形式化课堂，让教学生态在表面“风光热闹”中丧失了育人功能。

极简教学，就是针对当下课堂教学中的有“教”无“学”、有“学”

无“习”、有“合”无“作”等问题，从教学理念、教学内容、教学方式等方面探究教学的本质，以便更加准确地把握和处理教师、学生与教学活动的关系，满足学生发展需求和必备品格，建构和谐文明的课堂教学生态，实现课程本身的价值追求。

一、极简教学理念，用基于生活的对话式课堂培育人文素养

新课程改革十余年来，课程理念在不断地丰富更新，但课程的核心任务始终未变，即立足于学生的实际，引导并帮助其学会积极健康的生活。因此，无论思想品德课，还是道德与法治课，都要对话学生的生活，即其生存的社会现实生活及成长的人际交往生活。

极简教学要求教师能够从繁杂、多元的理念中抽离出来，立足课程的核心，建构基于生活的对话式课堂。

例如，“尊重他人”对于学生来说是一个非常熟悉的道德要求，但在生活中存在着一些常见的价值误区与实践误区，如“我不在乎别人是否尊重我，只关注自己的想法”“他不尊重我，我也不尊重他”等。因此，在教学《道德与法治》八年级上册第四课第一框“尊重他人”时，教师可针对这些误区来建立教学脉络，对话生活，给予学生认识与行为上的指导。建议本框的教学脉络可以由以下几个话题构成：什么是尊重？——是不是所有人都应得到尊重？——“他不尊重我，我也不尊重他”的观点对吗？——“不在乎别人的看法，只在乎个人的想法”会有怎样的后果？

通过以上对话，帮助学生明晰梳理出基本的认识：尊重是指尊敬、重视，现在更多的释义为态度与言行的平等相待，是个人修养的外在表现。——每个人都有尊严，都希望受到尊重，所以，我们要尊重每一个人。——是否尊重别人关乎个人的素质和修养，他人能否尊重我是由其素质决定的，但我们自己要表现出良好的修养。——社会与人际关系的和谐需要我们关注、尊重他人，平等待人。

这样的对话式课堂，从尊重的实质要求出发，对生活进行“切片”，通过“切片呈现”—“分析诊断”—“晰理引导”将对话不断深入，逐渐澄清认识误区，实现行为指导与价值引领。

二、极简教学内容，用基于学情的主题化课堂引导健康生活

《道德与法治》七年级上册的第四单元是“生命的思考”，包括三课六个框题，教学内容从生命的存在到敬畏生命、珍爱生命，最后是生命的意义和价值，探讨了“生物体生命”“精神生命”及“社会生命”。结合学情和课程标准，我将六个课时的内容整合为两个主题：一是生命的存在与传承，二是生命的意义与担当，仅用了两个课时完成了主题探究与体验。

课前，让学生分组分别查阅海德格尔“向死而生”的内涵并搜集自然与人类的生动瞬间的图片。第一课时，通过展示图片，让学生感知生命的存在之后，进入“生的永恒与死的启示”的探讨，引导学生正确理解“向死而生”的内涵与启示，珍爱生命、珍惜当下；而对“如何实现生命的永恒”的探究，使学生认识到精神与文化的传承对于生命接续的意义。第二课时，围绕“生命的意义与担当”主题，我借鉴心理学原理，用一张纸组织学生进行“撕纸人生”活动，引导学生思考和体验“什么样的人生才是有意义的”“如何实现我的生命价值”，提高学生的生命担当意识。

新课改明确地提出，教师要从“教教材”转变为“用教材”，教材只是话题的提出者，教师要对教材进行二次创作，创造性、个性化地使用教材。极简教学就是针对教学中没有取舍、没有主线、没有创造的教教材的现状，建议教师在充分了解学生、准确把握课程要求的基础上，通过整合，实现教学内容的“精”“准”，建构主题化教学，在教学中渗透珍爱生命、健全人格、自我管理的培养，凸现课堂教学价值，提高课堂的有效性。

三、极简教学方式，用基于互助的体验式课堂实践责任担当

在课堂教学中，方式和手段是为内容和效果服务的，若只注重方式与手段的变化与多样，追求表面的热闹与花哨，就会走向华而不实的形式化，使课堂缺乏扎实与真实的教育效果。极简教学主张优化和简约教学，建构有意义、有价值、有效果的互助学习机制，强化学生的合作意识与实践体验。

例如，在讲授《道德与法治》八年级上册第四单元“维护国家利益”时，经过对教材内容的整合，在第一课时指导学生了解“国家核心利益、国家

总体安全观、国家发展”的内容并梳理三者相互关系的基础上，第二课时我只采用了一种常用的学习方式——分组辩论，引导学生对现实问题的关注与思考。

辩题有两个：一是近年我国特别重视国家安全问题，是因为我国不安全吗？我国的安全形势究竟如何？正反方辩题分别是：我国是安全的，我国是不安全的。二是国家利益与人民利益紧密相连，相比较而言，哪一个更为重要？正反方辩题分别是：国家利益最重要，人民利益最重要。辩论要求：（1）组长负责分工协调，推选主要辩手；（2）陈述观点须是本组成员的共识；（3）用具体事例佐证观点，做到有理有据；（4）尊重对方，注意倾听，以便进行有针对性的辩驳。同时，对准备与辩论的时间、结果的评价与考核等做具体的要求和规定。

由于各环节要求具体明确，辩题紧扣社会现实与学生的认识实际，使学生“为辩而合作”“为辩而辨”“为辩而思”，联系现实、反思实践，在合作竞争中体验感悟，有效地实现了教学目标，而且在活动过程中也培养了学生的合作意识，以及关注社会发展的家国情怀与责任担当。

健全人格、理性精神与责任担当也是学生发展的核心素养中所要求的、德育课程中要落实的关键能力和必备品格。

大道至简。健康文明的教学生态要求教师整合与重构教学内容、优化教学手段，呈现教学的本真状态，建构极简课堂，凸显德育课堂教学的品格价值，促进学生的健康成长。

例谈“好语文课”的教学创意

新乡市第十中学　周丽君

自踏入校门的第一节课开始，语文便伴随着学生的一路成长。语文的教学价值绝不仅仅在于教给学生某种知识和技能，更重要的是通过一篇篇凝聚着作家灵感、激情和思想的代表着人类创造的精神财富的作品，如春风化雨般影响学生的情感、情趣和情操，影响他们对世界的感受、思考及表达方式，并最终积淀成他们精神世界中最深层、最基本的东西——价值观和人生观。

语文的教学价值与文本的原始价值是密不可分的。文本的原始价值重在展示作者表达了什么，语文的教学价值重在利用该文本使学生学到了什么。阅读教学中，文本的教学价值可以体现在确定正确的教学内容，引导学生深入理解文本内涵，促进思维发展，提升阅读能力等学科素养上。

本文立足教学创意的层面，从教学内容的确定和教学策略的选择两个角度，阐发如何探明文本的奥秘，认清教学价值，优选教学策略，从而培养和促进学生语言建构与运用、思维发展与提升、审美鉴赏与创造、文化传承与理解的语文学科核心素养。

当今语文阅读教学，面临着一种困境：学生在上课之前会通过各种各样的方式预习课文，并且把那些现成的解析半懂不懂地批注在书上或者塞进脑子里。而这些信息会让他们产生一种已经读透文本的错觉，也会让他们对老师在课堂上的讲解和分析产生排斥心理，久而久之就会严重影响他们阅读文本的兴趣，进而失去深入钻研文本的动力。

要想改变这种现状，让学生的阅读呈现出一种最自然、最纯真也最有效的状态，教师的教学创意就显得至关重要。

教学创意并非一般意义上的教学设计，而是带有一定创造性的教学设计、构想等，就是准备实施于教学的新点子、新角度、新思路、新策划。

一、教学创意之精选教学内容

王荣生教授说："合宜的语文教学内容是一堂好课的最低标准。"一堂语文课，如果教学内容有问题，那么教师的教学再精彩，课堂的气氛再热烈，价值都极为有限，所以教学创意首先表现在精选适宜的教学内容上。如何精选教学内容呢?

1. 立足学生所思所想

新课程的核心理念即"一切为了每一位学生的发展"。在课堂教学中，应树立正确的学生观——了解学生的思维。也就是说，我们在设计教学时要更多地了解学生的心理、认知基础、兴趣特点等。美国著名教育心理学家奥苏伯尔有一段经典论述，假如让我把全部教育心理学仅仅归结为一条原理的话，我将一言以蔽之：影响学习的最重要因素就是学生已经知道了什么，要探明这一点，并应就此进行教学。这段话道出了"学生原有的知识和经验"是教学活动的起点。学习一篇文章，学生已经明白、掌握了什么，会遇到哪些困惑，需要老师给予什么帮助，最感兴趣的是什么……这些"学情"才是我们教学的重点。只有在了解清楚学情的基础上展开的课堂才是有效的、高效的。

确定教学内容的过程要遵循"生本"原则，就是我们常说的"以学定教"，即学生需要什么，我们便教什么。以生为本，充分尊重学生的知识水平和能力，使所选择的教学内容与学生的最近发展区相吻合，并成为学生提高语文素养和精神品质的"滋养品"。"生本"原则即要体现出教学内容的适度、深度。适度，即符合学生口味的；深度，即学生通过自己的思维，"跳一跳或再跳一跳，就能摘到果子"的，而不是无法企及、敬而远之的。"生本"原则还要凸显教学内容的价值与意义，即所建构的内容能真正有助于学生知识结构、人格修养、技能技巧等的完善和提高。

例如，在执教语文版九年级下册徐志摩的经典名作《再别康桥》时，我进行了课前的学情调查：

（1）你喜欢这首诗吗？为什么？

（2）你最喜欢诗中的哪些诗句？为什么？

（3）你最不明白、不理解的诗句或诗节有哪些？

（4）对于本诗你最想了解什么？

学生认真填写后，我收集整理并筛选出学生最感兴趣的诗节，最想了解的内容及最不明白、最不理解的四个问题进行教学：

（1）这首诗如何借康桥的自然景物抒发情感？

（2）开头和结尾为什么说“轻轻”“悄悄”？它们有什么含义？

（3）第四节诗“那榆阴下的一潭，不是清泉，是天上虹，揉碎在浮藻间，沉淀着彩虹似的梦”，明明是清泉，为什么成了彩虹呢？“揉碎”“沉淀”是什么意思？

（4）第五节诗既说“满载一船星辉，在星辉斑斓里放歌”，为何又说“但我不能放歌”，“沉默是今晚的康桥”。这不矛盾吗？为什么？

课堂上学生独立思考，小组合作，交流研讨，兴趣盎然，收到了意想不到的效果。

由此我想到创新型人才的标准之一就是提出独特的问题，掌握寻找答案的本领。这就要求我们在课堂上不能只满足于学生面对教师的提问，思维敏捷，应答如流，而要注意引导学生自己去发现问题、提出问题，进而通过多层次的合作探究解决问题，让课堂成为学生思维的王国，让教室成为学生心灵自由飞翔的天空，而教师则作为完全平等的一员参与他们的讨论、交流与碰撞。

“以学定教”除采用课前调查外，还可以在课堂上设计“现场采访”的环节，如：你喜欢这篇课文吗？为什么？你从课文中读懂了什么？读不懂的地方在哪里？据此了解学生的思维，真正按照学生的需求调控课堂。当然，这也对教师提出了更高的要求和挑战。教师需精心备课，对教材重点、难点了然于胸并有独到的感悟方能在课堂上游刃有余。

2. 教诗像诗，教文像文

所谓“教诗像诗，教文像文”就是指教师在教学过程中要充分考虑文本的体式特征，即每一种文体的文体特征。虽然教一篇课文，听取学生的意见和建议，尊重学生的问题，满足学生的需求，这在任何时候都是应该的，但是如果仅仅通过“满足学生的需求”来生成教学内容可能会有一定的局限性。因为有时学生的需求多种多样，学生的问题也各不相同。教师无论怎样努力，永远无法一一满足学生的众多需求。况且，由于视野及水平所限，学生的许多问题可能停留在细枝末节上，不具备多少价值，因此，我们不能单纯把从学生需求出发作为确定合适的教学内容的依据，还必须充分考虑文本的“体式特征”。

还以《再别康桥》为例。诗歌这种文学体裁是以抒情言志为目的的，而意象是诗歌抒情言志的基本单位，是诗歌的情感赖以寄托的地方。意象是指诗歌中熔铸了作者主观感情的客观物象。意象对于意境的形成起着至关重要的作用。读者进入诗歌的意境总是从感受意象开始的。诗人对意象的选取与描绘，正是其主观感情的流露，因此，鉴赏诗歌时，抓住意象并反复揣摩、体味是体会诗人思想感情从而顺利进入诗歌意境的关键。而准确把握意象的重要方法之一就是借助联想和想象。所以在本诗的教学中，在考虑学生学习需求的基础上，我设计了这样的主问题：这首诗是通过意象来抒发情感的。意象就是包含了作者感情因素的客观物象。这首诗给你留下深刻印象的意象有哪些？选择给你印象最深刻的意象，借助联想和想象加以分析。课堂上，我以此引导学生顺利进入诗歌意境。

以上教学案例的分析证实了学情需求和文本体式特征的交集往往是教学内容确定的最佳区域。

3. 彰显文本独特个性

如果说充分考虑文本的体式特征是关注该文体共性特点的话，那每篇课文要教出独特的“这一个”就是强调其独特个性，即这一篇课文具有怎样独特的体式，将会传达怎样独特的内容。从文章本身来看，在内容上，要找寻到该文本具有的独特精神、情感价值；从文本形式上，文本本身个性的语言风格，新奇的布局结构，都应该成为一节课的教学内容。

例如，同样是诗歌这种文学体裁，余光中的经典力作《乡愁》，其独特的“这一个”体现在这首诗借助了独特的意象（邮票、船票、坟墓、海峡）、独特的叠词（小小、窄窄、矮矮、浅浅）、独特的量词（枚、张、方、湾）及四个时间词语（小时候、长大后、后来啊、而现在）来表达诗人沉淀了二十年的浓浓乡愁。在执教这首诗歌时一定要抓住作者个性化的言语表达，把它提升为教学内容。同时设计“同学们，通过你们的朗读，我们已经感受到了诗人浓厚的思乡之情，而诗人又是通过哪些独特的词语来抒发这种感情的呢”这一问题，让学生将思维的触角伸向这首小诗的不同诗节、不同词语来细加揣摩。

二、教学创意之巧选教学的切入点

教学的切入点，即引领学生走进教学文本、领悟文章主旨的最佳角度，具有提纲挈领、统领课堂的作用。一个好的切入点，往往能激发学生的思维，突出学习的重、难点，带动整节课顺利展开。每篇文章都有作者的行文思路，教师作为读者，首先要理清作者的写作思路。而在实际的教学中，教师作为教者要教给学生如何快速地理清文章的写作思路，就需精心选择最佳切入点。

这里所说的“最佳切入点”就是课文中“易生发、耐咀嚼”处。选好了切入点，不仅能迅速激起学生的兴趣，触发学生思维的兴奋点，也能起到以简驭繁、以少胜多的效果。

比如，有一位教师在进行《空城计》这篇小说的教学时，结合小说节选部分前面的情节和课文第 1 段，了解“空城计”这个故事发生的背景后，设计了这样的教学环节：

师：同学们在读课文第 2—5 段的过程中，有没有注意到本文在叙述故事时反复写到了同样的内容？请你再次快速跳读课文，找出文中重复的内容。

（生回答，师明确，并要求在书上标注出来）

重复笔法一：

①孔明传令，教“将旌旗尽皆隐匿；诸军各守城铺，如有妄行出入，及高言大语者，斩之！大开四门，每一门用二十军士，扮作百姓，洒扫街道。如魏兵到时，不可擅动，吾自有计”。孔明乃披鹤氅，戴纶巾，引二小童携琴一张，于城上敌楼前，凭栏而坐，焚香操琴。

②果见孔明坐于城楼之上，笑容可掬，焚香操琴。左有一童子，手捧宝剑；右有一童子，手执麈尾。城门内外，有二十余百姓，低头洒扫，旁

若无人。

重复笔法二：

③懿曰："亮平生谨慎，不曾弄险。今大开城门，必有埋伏。我兵若进，中其计也。汝辈岂知？宜速退。"

④孔明曰："此人料吾生平谨慎，必不弄险；见如此模样，疑有伏兵，所以退去……"

师：请在横线上分别加一个动词来概括这四段的内容。（师板书）

①诸葛亮施计　②司马懿观计　③司马懿中计　④诸葛亮释计

师小结：第一组句子分别从诸葛亮、司马懿两个人的视角同写"空城计的实施"，第二组分别从诸葛亮、司马懿两个人的视角同写"空城计的结果"。这里用到了小说创作中经常使用的重复笔法。所谓重复笔法，就是从不同角度叙述同一内容，从而起到突出强调的作用。

但重复笔法绝不只是内容上的简单重复，而是重复之中有变化，同中有异。请同学们默读这两组文字，找一找作者在叙述同一内容时，有哪些细微的不同之处。

（生回答，师明确，要求学生圈画在书上）

文段①详写了孔明施计的过程和孔明登上城楼的过程。

文段②侧重描写了司马懿观察到的人物神态和动作。

文段③④用词上有细微差别。

师：正是这些细微的不同之处向我们揭示了空城计能够成功实施的原因。请同学们结合这两组文字中的重点字词来分析空城计能够成功实施的原因。

这个设计巧妙借助文章独特的重复笔法，既达到了梳理小说情节的目的，也实现了小说主要人物的性格分析，可谓独辟蹊径。

三、教学创意之选好教学主线

主线是教学内容的核心和实质，是一堂课的主脉。教学主线是教师在反复钻研教材的基础上形成的比较成熟的教学思路。具有清晰的、紧紧围绕教学目标展开的教学主线，是一节课获得成功的关键因素之一。教学主线明确了，可以使教学内容上升到一定高度，使课堂学习更加系统和有效。那么，如何确立教学主线呢？

1. 提纲挈领地精设问题

我们一起来看下面这个有关《木兰诗》的教学片段：

师：《木兰诗》讲述的是木兰女扮男装，替父从军的故事。木兰的故事在我国家喻户晓，为什么木兰的故事久传不衰？为什么木兰能赢得一代又一代人的喜爱？请同学们和我一起走进课文，寻找答案。

木兰在从军前后曾经做过两次重大的抉择，请同学们快速浏览诗歌，找出相关语句。

师：哪位同学来说一说？

生：第一次抉择是“愿为市鞍马，从此替爷征”，第二次抉择是“愿驰千里足，送儿还故乡”。

师：我们可以把这两次抉择概括为“替父从军”和“辞官还乡”。这两次抉择让木兰的身份、生活发生了一系列变化。请同学们结合诗歌内容具体说一说木兰的身份和生活发生了怎样的变化。

教师通过提问指出木兰在从军前后曾经做过两次重大的抉择，让学生再读其他段落，结合具体语句分析木兰的身份和生活还发生了怎样的变化。

学生结合诗歌内容找到了木兰的身份和生活发生的一系列变化之后，教师小结：从大家的分析来看，这两次抉择确实给木兰的身份、生活带来了一系列的重大变化。她放弃相对安逸的生活走向残酷的战场；她放弃可以拥有的荣华富贵回到曾经的家园。这不禁让人深思：她为什么要做出这样的抉择，她为什么能做出这样的抉择呢？

学生结合诗句分析木兰做出两次抉择的原因，是因为她很孝顺、勇敢、有责任感、敢于担当等。

以上“抓抉择—思变化—析原因”的教学主线设计不仅避免了教师在教学过程中把很多问题，诸如梳理木兰从军的过程、分析木兰的人物形象、品读诗歌的语言等分步进行的弊端，也把学生的思维引申到诗歌的核心内容，让学生从更高层次上感受木兰这个人物形象的精神魅力及《木兰诗》这首乐府诗歌的经典价值。

2. 妙趣横生地巧设活动

很多有经验的语文教师都有这样的体会，学生的语文综合素养在丰富多样的活动中更容易获得提升，因此把活动与阅读结合起来，也不失为一种确立教学主线的良好构想。

笔者在执教汪曾祺的《端午的鸭蛋》这一课时，进行了如下的教学设计：

师：第1段，作者提到自己的家乡端午节风俗有7种之多，为什么他都一笔带过，却从第2段开始详写鸭蛋？他为什么单单对一枚小小的端午鸭蛋情有独钟呢？下面让我们细读课文第2—6段，你能用一副对联揭开谜底吗？

（学生兴趣盎然，默读，思考，师生回顾和对联有关的知识）

师：请大家开始构思对联。注意上联概括第2、3段内容，下联概括第4—6段内容。对联拟好后直接到黑板前抢占最好的位置写下你的对联。我们只取前三名，机会不可多得，请千万不要错过哟！

（学生思考，写对联。两分钟后，学生开始争先恐后地到黑板前板书对联，气氛活跃）

黑板从左至右所拟对联依次为：

高邮鸭蛋远近闻名

鸭蛋络子意趣横生

质细油多，高邮鸭蛋，美名传天下

纯真童趣，端午佳节，浓郁故乡情

高邮鸭蛋，质细油多，名扬天下

鸭蛋络子，好玩好挂，情趣颇多

师：大家看黑板上这三副对联，你认为哪一副既符合对联要求，又概括了课文内容？

（师生共选，陈述理由）

师：三名同学所拟的对联都很不错，上联都紧扣“名扬天下”，下联都紧扣“鸭蛋趣事”。第二名同学还抓住了作者的感情，我们选取这副对联解析课文。

教师让学生围绕这一副对联开展对课文内容和语言的品析，活动新颖，激发了学生们的兴趣，收到了良好的教学效果。

以上教例中教学主线的设计意图，实为创设一种激发学生浓厚兴趣的具体活动，通过拟写对联将学生深深地引入对课文的探究与讨论之中，达到课堂教学的高潮。

3. 因课制宜地妙设情境

语文阅读教学涉及方方面面的文体，怎样调动学生对不同文体的阅读兴趣，调动他们参与阅读的热情至关重要。在这种情况下，教师能够依据文体特点创设相应的情境，让学生身处其中去体验感悟，往往也能收到始料未及的效果。

例如，在学习冰心的诗歌《纸船——寄母亲》时，为了给学生进行“品味式”探究营造最佳契机，我精心挑选了一首悠远、绵长、优美而略带感伤的音乐。上课伊始，我先配乐范读全诗，而后让学生自己伴随着音乐反复诵读，学生在配乐朗读中渐渐走进诗歌的美好意境中，这时我就要求学生找出这首诗中他们最喜欢或感受最深的诗句进行赏析，也可就全诗来品析。学生根据自身的知识结构，边读边思边悟，品析诗歌语言，通达诗歌意境，从而提高其鉴赏能力。学生可自主选择最喜爱的、领悟最深刻的诗句细加揣摩、品味和赏析，提高自己的文学素养和文化品位。

以上教学案例中教学主线的确立，是让学生在教师创设的具体情境中探究、体验，最终创造性地学习课文，加深对课文的理解。

综上，牵住教学价值的牛鼻子，就有了明确的目标。语文教师就会心无旁骛，日积月累，提高学生的语文学科核心素养，而不是随波逐流，耕了别人的地，荒了自己的田；也不是蜻蜓点水，贴几个标签，喊几句时髦口号了事。只有知道教什么，懂得怎么教；知道让学生学什么，了解让学生怎么学，才能在教海畅游，顺利到达彼岸。

不忘初心　立德树人

濮阳市第十中学　都　娟

今天，我们在这儿谈论教学价值，尝试多角度、多维度地思考我们的教育、审视我们的教学：我们设置的课程到底有没有价值？选择的教学内容有没有价值？我们的课堂有没有价值？……在我看来，谈教学价值之前，要先弄明白我们究竟想培养什么样的人；在施教之前，我们必须先搞清楚想要取得什么样的结果。明晰了这一问题，我们的初心才不会动摇，我们的教育才不会跑偏，我们才能评论教学有没有价值，当然，这也才能确保我们今天的讨论是有价值、有意义的。

一、立德树人，我们不能忘却的教育初心和使命

有这样一个小故事：两条年轻的鱼遇到一条年老的鱼。年老的鱼打招呼说："早上好，孩子们！这水怎么样？"两条年轻的鱼无言而别，继续向前游。过了一会儿，终于，其中一条鱼忍不住问另一条："什么是水？"是不是很有趣？生活在水中太长时间，鱼已经不知道水是什么了。其实，这种现象在我们人身上一样会发生。比如我们教师，每天都在备课、上课、批改作业、辅导、考试、改卷、开家长会……我们很容易在这样的生活里形成无意识的惯性和思维的倦怠，如果突然有人问：您想把学生培养成什么样子？您每天的忙碌是在做教育吗？您的教学对学生的发展有没有价值？您的教育初心是什么？亲爱的老师，您会怎么回答呢？您是不是也会像故事中忍不住发问的鱼一样道出您的疑惑："什么是教育？"

"培养什么人、怎样培养人"，是我国社会主义教育事业发展中必须

解决好的根本问题。党的十八大报告提出："坚持教育为社会主义现代化建设服务、为人民服务，把立德树人作为教育的根本任务，培养德智体美全面发展的社会主义建设者和接班人。"十八大报告明确把立德树人写进教育方针，它坚强而有力地回答了这一事关党和国家前途命运的问题，具有里程碑式的意义。立德树人的语境宏阔、语意深远。立德，就是坚持德育为先，通过正面教育来引导人、感化人、激励人；树人，就是坚持以人为本，通过合适的教育来塑造人、改变人、发展人。立德树人，使教育回归人；道德植于人，使人有了立根之基，成为一个大写的人、有人性的人。在立德树人中培养健全人格和高尚的品格，促进人的全面发展，这是教育的神圣使命，也是立德树人的根本诉求。

习总书记在十九大报告中旗帜鲜明地提出了"不忘初心、牢记使命"的时代号召。"不忘初心、牢记使命"，对于教育工作者来说，就是要不忘"立德树人"的初心，牢记"培养接班人"的使命。当习近平总书记强调"落实立德树人根本任务，发展素质教育，推进教育公平，培养德智体美全面发展的社会主义建设者和接班人"的要求时，基层千万教师和校长被赋予了千钧责任。我们必须始终追问"为谁培养人"，探索"如何培养人"，瞄准"培养什么样的人"，在建立教育强国、现代化强国进程中做出不懈努力。当习近平总书记讲到"建设教育强国是中华民族伟大复兴的基础工程"时，基层千万教师和校长的内心被深深打动、震撼和激励。我们再次坚定信念，肩负起光荣而神圣的历史使命，用习近平新时代中国特色社会主义思想武装头脑，呕心沥血、鞠躬尽瘁，甘愿为教育事业奉献一切。

立德树人，是我们教育的初心，我们不应该忘记，也绝对不能忘记。忘记了初心，等于忘记了当初我们为什么要出发；忘记了初心，等于忘记了我们的教育使命；忘记了初心，等于忘记了我们的教育梦想；忘记了初心，我们就不知要领着学生去向何方；忘记了初心，我们就会陷入教育的功利中、尘世的浮躁和诱惑中，更加痛心的是，深陷泥潭的那一刻，我们手里还牵着学生。

不忘初心，方得始终。教育不忘初心，方得育人始终。初心是根，初心是魂，只有不忘初心，我们才有资格谈论教育的意义和教学的价值；只有不忘初心，教育才不会偏离轨道，教育才能走得坚定而久远；只有不忘初心，我们教育工作者才能真正地去做教育；只有不忘初心，教育才会生命旺盛、生机勃发，教育才会迎来一个又一个百花争艳、绚丽多彩的春天。

二、核心素养，落实立德树人根本任务的重要举措

我想，教育应该是内化于心的做人准则与处事原则，是健全的人格和高尚的道德，是适应个人终身发展和社会发展的品格与能力。

2016 年 9 月，中国学生发展核心素养研究成果发布会在北京师范大学举行。研究学生发展核心素养是落实“立德树人”根本任务的一项重要举措，也是适应世界教育改革发展趋势、提升我国教育国际竞争力的迫切需要。核心素养是每个人发展与完善自我、融入社会及胜任工作所必需的基础性素养，是适应个人终身发展和社会发展所需要的必备品格与关键能力，是个体应具有的起基础和支撑作用的素养。《中国学生发展核心素养》以科学性、时代性和民族性为基本原则，以培养“全面发展的人”为核心，分为文化基础、自主发展、社会参与三个方面，综合表现为人文底蕴、科学精神、学会学习、健康生活、责任担当、实践创新六大素养，具体细化为国家认同等十八个基本要点。如果把学生比喻成一棵大树，那么，核心素养就是大树的根和灵魂；如果把学生比喻成一台电脑，那么，核心素养就是电脑的 CPU（中央处理器）及其工作性能。

今天，我们以核心素养向知识本位宣战。核心素养的提出，是我们国家对教育的深度再反思，也是启动我国新一轮课改的起点和方向，让我们的教师在厚重的书本和习题的遮挡中，看到了明确的让人成为人、以教育来成人的目标。目标在前，我们的教育教学就有了价值的内涵和清晰的方向。

在发展核心素养时代，我们的教育必将会给学生带来更多更大的变化：我们的孩子热爱祖国、敢于担当，具有社会责任感和社会公德；我们的孩子懂得孝敬父母、尊重长辈、知恩图报、爱心满满；我们的孩子懂生活、爱生活、会生活，对生命充满敬重和向往，对生活充满憧憬和期待；我们的孩子既有科学思维，也有文学素养，幸福感和快乐感呈指数级增长；我们的孩子爱学习、会学习，具备持续学习和终身学习的能力，并始终保

持着对未知世界的好奇心和探索欲望……如此这般美好，不正是我们一直追求的理想教育吗？不正是我们立德树人的教育初心吗？

当然，从“知识本位时代”走向“核心素养时代”，虽然是一次历史机遇，但也伴随着严峻的挑战。比如，尽管核心素养为课程内容的确定、为教师的教学、为教材的编写提供了良好的依据与方向，但是，中国学生发展核心素养呈现给大家的只是一个整体框架和一些基本要点，究竟如何将其落地、落小、落实、落细，如何依据核心素养确定、组织和呈现课程内容，如何编写促进核心素养提升的教材，教师在课堂上如何处理核心素养与学科知识体系的关系等，成为当今教育界众多值得探究的问题。但在通往教育春天的道路上，我们不忘初心，牢记使命，奋勇前行。

语文学科教学价值的探究

南阳市第三中学　刘明莹

在语文学习的过程中，学生将经历一个从生活世界的语文学习到科学世界的语文学习的转变。所谓生活世界的语文学习，是学生在日常生活中受到人们自觉或不自觉的语文培养。当然，大部分是人们不自觉的培养。所谓科学世界的语文学习，是学生在语文课堂中受到教师等专业人员所实施的更具有专业性的语文活动的培养。之所以称之为科学世界的语文学习，是因为这种学习主要依托学科课程，而其背后由教师所组织的学科教学正是教育科学的一部分。因此，学生的语文学习可以分为生活世界的语文学习和科学世界的语文学习。然而，无论是生活世界的语文学习，还是科学世界的语文学习，学生的语文学习都有着一个共同指向，那就是语言文字应用能力的培养，只是这个指向在生活世界的语文学习中处于相对隐性的状态，而在科学世界的语文学习中则处于相对显性的状态。

探讨语文学科的教学价值，是基于上述科学世界的语文学习过程，所以离不开基于课程设置、核心素养、考试命题等层面的审视与检验。

一、基于不同课程的比较，探析语文的教学价值

首先，语文作为课程，其与数学、物理、化学等课程相比，有着不同的教学价值。下面以案例作以解说。

案例一：执教已经26年，在一次学生聚会上，我趁着高兴劲儿，让在座的学生背诵一篇我教过的文章或者一首诗词，结果令我大跌眼镜，基本上没人能够完整背诵出来，即使是当时班里的第一名。好在学生安慰我

说："刘老师，遗忘多正常啊！再说了，您课堂上教给我们的那无形的能力已深入我们的骨髓，影响的是我们的人格啊。"

在这一案例中，学生们对教师的安慰之词，其实就是学生们语言文字应用能力的体现。语言文字应用能力也就是学生所说的"无形的能力"。面对学生"能说会道""善解人意"背后的这种语言文字应用能力，身为教师不敢贪功，但是在学生们的语文学习中，对语文学科教学价值的高度重视和辛勤付出也应当有其贡献和功劳。

其次，语文作为课程，与英语、日语等课程相比，尽管语言文字应用能力及其培养活动有着太多的相似，但语文仍有着不同于英语、日语的教学价值。语法规则不同是外在层面的不同，而语文的教学价值在于其是母语，在思维方式和文化观念方面跟英语、日语等很不相同。

案例二：学生进入初中学段后，学习的英语词汇更加丰富。有一次，一个女生问我：英语和汉语对亲戚朋友的称呼为什么差别很大？经过交谈，我弄清了她所提问题的来源。在英语学习过程中，学生突然发现：汉语中的大娘、婶子、表婶、阿姨、姨妈、姑妈、表姑、舅妈等称呼，在英语中只用一个单词 aunt 来表示。为什么英语国家的人们不能多用几个词来表达呢？每一个称呼都用专门的词来表示，在生活中不是更容易区分谁是谁吗？不是更容易弄清人们之间的关系吗？

这里学生所提到的"称呼"这一语言现象，折射出了同为培养语言文字应用能力的两个学科之间的实质性差异，那就是语文和英语在学科教学价值上的区别是思维方式、文化观念的差异。对中国人来说，从语言习得的角度来看，语文和英语的地位是不同的，前者是母语，后者是第二语言。从语言背后的思维方式和文化观念来看，语文和英语的差异也是很大的。在本案例中，汉语和英语之间的思维和文化差异，集中反映在宗亲关系、血缘关系、人际关系等"关系"上。在汉语和英语中，关于"关系"的认知和重要性，两者差异较大：重视"关系"者，语言实践和心理需求较为丰富、复杂，为了精确指称具体的人并区分其身份，必须实现称呼词汇的精准、细致；而相对不重视"关系"者，语言实践和心理需求较为粗略、简单，不用对每一个人的身份进行区分、细致辨认，称呼词汇就显得少而指称对象范围广。

语文学习中所涉及的思维方式、文化观念，需要语文教师自行阅读学习。经检索和阅读文献，语言学家、文化学家和社会学家等多有论述。例如，著名社会学家费孝通先生在《乡土中国》《生育制度》等文化人类学著作中，指出了“差序格局”“家国同构”“血缘”“地缘”和“双系抚育”“亲属扩展”等典型的中国式文化观念；宗白华先生的《美学散步》、楼宇烈先生的《中国文化的根本精神》及孙隆基的《中国文化的深层结构》等，指出了中国人所特有的思维方式和思维特征。

二、基于语文学科的核心素养，探析语文的教学价值

语文学科核心素养是学生在积极的语言实践活动中积累与构建起来，并在真实的语言运用情境中表现出来的语言能力及其品质；是学生在语文学习中获得的语言知识与语言能力，思维方法与思维品质，情感、态度与价值观的综合体现。离开了人，谈论语文学科核心素养并无太大作用。根据语文教育研究成果，语文在学生成长中具有工具性的一面，也具有人文性的一面。简单地说，学生要掌握语言文字这个工具，实现其关于自我、他人、社会、自然的表达。目前，《普通高中语文课程标准（2017 年版）》对语文学科核心素养的四个层面的表述是：语言建构与运用、思维发展与提升、审美鉴赏与创造、文化传承与理解。其中，语言建构与运用最具有明显的工具性，思维发展与提升的工具性比较强，而审美鉴赏与创造和文化传承与理解则具有鲜明的人文性。也就是说，在学生的语文学习过程中，语言建构与运用应突出语言规则意识，思维发展与提升不可缺少思维方法、思考逻辑的训练，审美鉴赏与创造和文化传承与理解则更加凸显个体性、多元性和丰富性。那么，从语文学科核心素养这个层面来看，语文的教学价值是显而易见的。

案例三：每节语文课前三分钟演讲是我的语文课的特色。一事一议，有主题的即兴演讲，极大地提高了学生们的逻辑能力和口语表达能力，虽然语文考试还没有涉及口语，但学生练就的这一身演讲童子功将使他们终身受益。多少走向工作岗位的孩子总是频频向我报喜：老师，我在面试一关脱颖而出，谢谢您对我们三年的指导。

2018年，我的一个“特殊”的学生结婚了，特别邀请我参加了她的婚礼。她是一个半聋哑孩子，但是在我的语文课堂上我总是让她参与到课堂中来，她从刚开始的自卑、胆怯，到后来的尝试融入，再到自信、积极参与，简直就是一个华丽的“蜕变”。虽然她最终没有考上大学，但是却非常热爱读书、喜欢写作，最重要的是她热爱生活。读着她文章中洋溢着的阳光、自信，看到她灿烂的笑脸，作为一名语文老师，我想我至少给她的生命带来了一些色彩，点亮了她的双眸。

案例中的学生毕业后，她的语文学习并未结束，而是通过读书和写作等活动得以延续。由此可见，在读书、写作等活动中，蕴含着培育学生语文学科核心素养的极大可能性。不可否认，这样的学生有着个人的天赋和兴趣，但也不能不看到她在毕业前所经历的语文学习对她后续语文学习所起到的作用。简而言之，在课前三分钟演讲等语文教学活动中，她经历了语言建构与运用、思维发展与提升的工具性训练，进而在审美鉴赏与创造和文化传承与理解这两个富有人文性的核心素养方面得以持续提升。最终，虽然罹患疾病，但她仍然将生活调剂成书香相伴、写作不断的状态，走出了属于自我、充满个性的审美创造和文化传习之路。

其实，无论是为生活，还是为学习其他学科的课程作准备，语文的核心素养都起着一种奠基的作用。从这一点来看，语文的教学价值在于培养学生终身受益的语言文字应用能力，语文学科核心素养也是语文教学价值必须着力用心而产生成效的方面。甚至可以说，语文教学能够经过语文课程的诸多活动而培育出学生的语文学科核心素养，这本身就是语文的教学价值。简要地说，富有成效地培育出学生的语文学科核心素养就是语文的教学价值。

三、立足考试命题的层面，探析语文的教学价值

众所周知，考试是一种评价。那么，从考试命题的层面来分析，语文教学价值究竟是什么呢?

在中小学阶段，语文教学的价值，既不能唯纸笔测试，搞“唯分数论”，也不能完全忽视纸笔测试和分数，置学生的升学需求于不顾。如何正确看

待和处理语文教学与考试（具体多为纸笔测试）之间的关系，成为理解和把握语文教学价值的关键问题。

案例四：在学校里，两位男性语文教师的教学实践及所教学生的考试成绩，一直形成鲜明对比。一位语文教师刚过而立之年，语言风趣，上课充满幽默和机智。学生十分喜爱他的语文课，自发自愿地读书。从过程看，他的语文教学，极少涉及作业处理、习题讲练等内容，主张学生自由地学习语文。另一位语文教师接近不惑之年，精通考试命题，在试题讲解和答题训练等方面有着过人之处，同时主张学生人人买书阅读，开展读写活动。从长期来看，整个语文教学过程比较具有程序性、完整性和强烈的目的性。最终，在纸笔测试中，经过多次考试的比对，前者所教班级学生的整体成绩高于多数班级，位居中等偏上水平，而后者所教班级学生的整体成绩名列前茅，位居上等水平。前者多次质疑后者：语文教学没有了诗意，课堂时间大部分留给学生做题，还是语文课吗？对此，后者回答：我们每月读一本书，一个学期读了五本书，两个学期就是十本书，同时每周还要阅读新闻材料将近五万字。现在学生成绩不仅没有降低，反而在一年之内把平均分提高了十多分，这样怎么就不是语文课了呢？

两种不同的教学实践，反映着教师对语文教学价值的不同认识和理解。两位教师产生分歧，其实质乃是从考试命题层面出发对语文教学价值所产生的认识不相同。

从考试命题的层面来看，语文教学的价值有三：

第一，针对考试、考场这样的语境，在语文教学中培养学生的语言规则与建构，要有“语境意识”。教学中，经常出现一种现象：有些学生平时的纸笔测试成绩很高，但每逢大型纸笔测试成绩却很低，有人将其归因为心理素质不佳，也有人将其归结为自身水平不够稳定。如果从考试命题的层面来看，试题都是命题人对语言规则与建构的考查，只有考生有着与命题人相同层次、相同频道的语言规则与建构能力，才能在考试中获得良好表现。而学生语境意识的培养离不开平时语文教学的努力。

第二，针对试题的题干和材料，在语文教学中培养思维发展与提升，要有“对象意识”。在纸笔测试中，试题的题干和材料都是命题人精心构思的结果，体现着命题人和测试的标准，也是思维发展与提升的体现，这自然需要考生有着相同的思维发展与提升，才可能获得良好的考试成绩。语文教学重视思维发展与提升，甚至以命题人思维、试题命制思维、命题意图等来培养学生的思维能力，实乃大有必要。

第三，针对答题的方法和规范，在语文教学中培养审美鉴赏与创造和文化传承与理解，要有“规则意识”。就纸笔测试而言，审美鉴赏与创造和文化传承与理解主要体现为答题的方法和书写的规范。其反映在卷面上，主要是指书写的习惯、条理和版式等方面，以字迹工整、卷面整洁、要点清晰、结构分明等为佳。这样的做法，正是纸笔测试中“审美”和“文化”所内蕴的“规则意识”。语文教学对此岂能忽视？

从考试命题的层面来审视语文的教学价值，是站在“满足学生发展所需”这一层面来思考，可以更好地探析语文的教学价值。如果教师能够用最少的时间和资源，提高学生的纸笔测试成绩，从而留出更多的时间来有效地进行读书、观影、演讲等听、说、读、写的语文活动，不仅不应抨击，至少应当宽容，甚至可以鼓励，因为这本身就是有效教学，就体现了语文教学应对考试的价值。这跟一些教师打着读书、观影、演讲等活动旗号教学，却长期未能让学生考出理想的成绩是应该有所区分的。可以说，从考试命题层面看，语文教学价值在于让学生从眼前短期发展需要和未来长期发展需要之间找到一个平衡点和衔接区。

语文学科的教学价值，是一种关于价值的判断。众所周知，判断都离不开预设的标准和参照系。当然，标准和参照系可以是多种多样的。本文仅从课程设置、核心素养和考试命题这三个角度对语文学科的教学价值加以分析，尝试透视和解决实践上的一些困惑。从语文学科教学价值的多重性来看，其仍有值得深入思考和继续探究的广阔空间。

第三章

小学篇

读懂学生 智慧教学

郑州市金水区金桥学校 宋 君

作为一线教师，我们应立足课堂教学实践，不断提升自我的专业发展，创造性地开展课堂教学，促进学生的全面发展。如何才能有效地促进学生的全面发展呢？首先要读懂学生。

美籍匈牙利数学教育家G.波利亚认为：学生想什么比教师讲什么重要千百倍。只有读懂学生，才能提高课堂教学的实效性；只有读懂学生，才能促进学生的发展，提升学生的素养。

读懂学生是突破教师专业发展瓶颈的有效途径，读懂学生是提升教学质量的有效手段，读懂学生能引领教师智慧地教学和发展。从新课程的价值体系看，新课程倡导以学生为本，以学生为本，当然首先要读懂学生；从学生的学习与认知发展看，原有的认知是发展的基础，了解学生的认知水平，需要读懂学生；从教学实践看，成功的教学离不开读懂学生。所以，作为教师，读懂学生尤为重要。读懂学生，了解学生真实的状况，从而灵活地选择教学策略，使得教学更贴近学生，把数学教学活动建立在学生的认知发展水平和已有的知识经验基础之上，才能实现教学的有效性。

读懂学生既然这么重要，那么，读懂学生的途径有哪些呢？可以从以下几个途径来读懂学生。

一、读懂学生学习的起点，让教学更有效

维果茨基的“最近发展区理论”认为学生的发展水平有两种：一种是学生现有的水平；另一种是学生可能的发展水平，而两者之间的差异是最

近发展区。教师在教学过程中，应着眼于学生的最近发展区，让教学活动走在最近发展区的前面。

在教学活动中可利用最近发展区理论，把握学生学习的起点。《义务教育数学课程标准（2011年版）》指出，数学教学活动必须建立在学生的认知发展水平和已有的知识经验的基础之上。作为教学，只有找准了教学的起点，才会让教学更加有效。

记得我在参加郑州市第三届名师选拔时，课题名是"圆的认识"，由于不能提前见学生，不了解学生的数学学习情况。在这种情况下，我在思考如何找准教学的起点，如何找准学生数学学习的基础。经过认真思考，我用几个问题导入，了解学生的基本情况，开展新课："这节课我们来学习'圆的认识'，关于圆，你们都知道些什么？"针对学生的回答及时板书。我接着问学生："关于圆，你还想知道些什么？"针对学生提出的问题进行分类。我接着学生的思路说："这节课，我们就围绕黑板上的问题进行探究，同学们提出的其他问题我们先存在数学银行中，在以后的数学学习中进一步探究，让我们带着这些问题一起走进圆的世界。"

在学习新课之始，引导学生说出已有的知识经验，提出进一步探究的问题，读懂学生的学习起点，为新知的学习奠定良好的认知基础。读懂了学生，我们的课堂教学才能做到有效。

二、读懂学生的思维，引领学生智慧地思考

数学是思维的体操，学生是学习的主体。只有读懂学生的思维，才能充分发挥学生的主体性，因材施教，有效教学。作为数学教师，我们应该引领学生智慧地思考，只有读懂学生的思维，才能提升学生的核心素养。

在学习了商中间、末尾有零的整数除法后，一位教师出示了如下题目：

孙悟空：我3秒能飞960千米。

小悟空：我4秒能飞804千米。

数学猴：我3秒能飞609千米。

然后，教师提出这样的问题："想一想，谁飞得最快？"当时就有一个学生站起来说："老师，孙悟空飞得最快。"当时，教师引导说："你

计算了吗？算一算再回答。”这个学生接着说：“老师……”教师有些不耐烦了，说：“先坐下，等一会儿再补充。”……

在上面的交流中，教师的设计意图是引导学生通过计算来解决这个问题，而教师在反馈时由于疏忽忘记了让这个学生补充。作为观课教师，下课后，我走近这个学生，问他是怎样想的，他说：“从题中可以知道，数学猴和孙悟空飞行的时间是一样的，所以孙悟空飞得快；而小悟空 4 秒才飞 804 千米，孙悟空 3 秒就飞了 960 千米，所以孙悟空飞得快。”“老师，孙悟空每秒飞 300 多千米，而其他两只猴子每秒只能飞 200 多千米，所以孙悟空飞得快。”旁边的学生在他的启发下补充道。……我为学生精彩的发言喝彩，也为教师失去这么精彩的发言而遗憾。作为教师，我们要读懂学生的思维，只有这样，才能促进学生的发展。

总之，教师只有读懂学生的思维，才能创造性地利用和开发教学资源，为学生营造一个广阔的思维空间，为他们主动构建认知结构奠定基础，也才能在教学中有机地渗透思想和方法，提高学生的数学素养。

三、读懂学生的质疑，在互动交流中提升思维品质

在数学课堂中，我们会遇到学生的质疑，面对学生的质疑，教师要读懂学生的质疑，智慧地处理。

在教学“三角形边的关系”一课时，出现了如下的情境：课前，我让每个学生准备了 2 cm、3 cm、4 cm、5 cm、6 cm 长的小棒。在课堂上任意选三根小棒，动手摆一摆，看能不能摆成三角形。通过汇报交流，大部分学生都能发现：当两短边的和大于第三条长边的时候，能摆成三角形。当学生 A 提出“三根长 2 cm、3 cm 和 5 cm 的小棒也能摆成三角形”后，教室里顿时炸了锅。学生 B 站起来说：“通过刚才的探索，我们已经发现了当两短边的和大于第三条长边的时候，能摆成三角形，而 2+3=5，并不大于第三条长边，所以我认为不能摆成三角形。”“刚才我们探索发现的是‘当两短边的和大于第三条长边的时候，能摆成三角形。’并没有说等于的时候不能摆成呀！”学生 A 反驳道。我在思考怎样来处理遇到的问题。

“老师，我们可以动手摆一摆来证明我们的观点”，学生 C 的话提醒

了我。“实践是检验真理的唯一标准，大家动手摆摆看”，同学们纷纷拿出小棒进行了拼摆。教室里静悄悄的，但我分明感受到学生的不甘示弱。“大家看，我用我的小棒就摆不成三角形。”学生 C 边说边在展示台上展示（如图 1 所示）。“反对！我的小棒就可以摆成三角形。”我请这个学生也上台进行了展示（如图 2 所示）。在这两种结果的争辩中，许多学生是赞同能摆成的。于是，我组织学生进行了针锋相对的辩论。

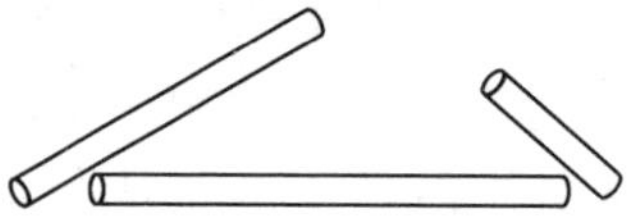

图 1

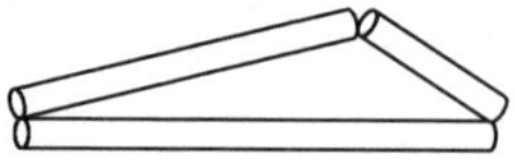

图 2

“老师，我认为小棒在拼摆的时候有误差，应该不能摆成三角形的！”“我们已经摆成三角形了啊！”学生 A 得意地说。当时仍然有许多学生在支持学生 A。如果我给学生说拼摆有误差，学生是绝对不会信服的，我在寻找解决问题的突破口。

刚才通过拼摆，仍然存在争议。“你能不能想办法验证自己的观点？”这时，学生又投入到了积极的思考之中，教室里又安静了下来。大约过了 5 分钟，有一个学生举起了手，我示意他进行回答，他说：“可以利用上学期学过的‘两点之间线段最短’来说明我的观点。我们知道最长的小棒是 5 cm，可以画一条 5 cm 长的线段。”他边说边画。“刚才很多同学都赞同能摆成三角形，如果能摆成三角形，就是这样（如图 3 所示），我们知道 a、b 两点之间线段最短，而在摆成的三角形中，5 并不小于 2+3，所以我认为不能摆成三角形。”

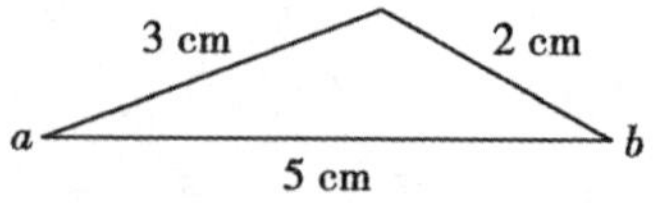

图 3

我带头为这个学生的精彩发言鼓掌，连学生 A 也心服口服，我感动着，感动着学生探索的精神；我分享着，分享着学生探究的喜悦。

小小的课堂，是一个“捉摸不定的场所”。在教学中，针对课堂上的突发事件，教师应顺势诱导学生积极探索与思考，当学生深入地进行思考后，就会出现“柳暗花明又一村”的境地。在课堂教学中，教师给学生留出充裕的时间，给予学生充分进行思考的空间，为凸显学生个性提供了一个广阔的天地，在独立思考、相互启发中集思广益，使学习更具智慧，使思维得到提升。

读懂学生的有效途径远不止以上三个维度，作为教师，需要我们在教学实践中不断探索。读懂学生的过程是一个发现学生的过程，是一个不断摆正自己作为一个教育者的位置的过程，是寻求与学生交往的更好方式的过程，是提高课堂教学实效性的过程。作为教师，我们在读懂学生的过程中，不断改善自己的教育教学方式，提高学生的能力，促进学生的发展，这样的课堂才能发挥学生的主体性，激发学生学习数学的热情，提高数学课堂教学的有效性。

从知识本位教学走向素养本位教学

南阳市油田实验小学 刘娟娟

教学的价值是什么？答：为了学生的发展。

教学的价值是为了学生的发展，学生的发展是教学的价值所在，这是浅显而毋庸置疑的。2016年，《中国学生发展核心素养》总体框架正式发布，提出了教育以培养“全面发展的人”为核心理念，该理念的提出促使中国基础教育迈进了核心素养新时代，从知识本位的教学转向素养本位的教学成为必然。这告诉我们：只有树立“为学生全面发展而教”的素养本位教学价值观，方可在课堂教学中实现教学价值的最大化。

一、从知识本位教学走向素养本位教学的意义

知识本位下的学生发展，是从小蝌蚪到大蝌蚪的变化；核心素养本位下的学生发展，才是从小蝌蚪到青蛙的变化。

1. 素养本位教学指向学生全面的、整体的发展

从知识本位的教学转向核心素养本位的教学，并不是仅仅为了让教学效率更高，让学生在单位时间内掌握更多知识，而是为了使学生的发展得到深化与升华。

指向学生全面的、整体的发展内容是什么呢？可以通俗地解释为，是终身学习过程中所不可缺少的基本技能技巧这些“带得走的东西”，是能够举一反三、闻一知十的“可再生的东西”，是语文教育中遗忘掉所学的知识内容后“剩下来的东西”。

语文学科对于核心素养的个性贡献是什么呢？就是指学生在语文方面

表现出的比较稳定的、最基本的、适应时代需要的语文能力、思维品质，以及与之相匹配的审美情趣、人文情怀，突出表现为学生学习语文的兴趣，对语言文化的积累，语文学习的良好习惯和准确流畅的表达。

当然，教学活动离不开知识，但是，当我们把一篇篇课文、一个个知识点都当作可以支撑素养形成的“阿基米德点”，有赖于知识但不止步于知识的时候，学生全面的、整体的发展才能实现，素养才能得以提升。

2. 素养本位教学着眼提升学生发展的关键能力

学生发展的关键能力是什么呢？站在语文学科核心素养的角度思考，学生拥有什么样的能力才能适应终身发展和社会发展呢？简单地说，学生发展的关键能力就是阅读力、思考力和表达力，这三大能力既是一个人终身学习和社会发展需要必备的核心素养，也是学生发展应具备的语文素养。

阅读力的培养：我在教学中尝试的是“全营养阅读”框架，全营养阅读主要从四个方面进行阅读力的培养：群文阅读、绘本阅读、读书交流、经典诵读，根据不同年级的学生特点有所侧重。中高年级段进行群文阅读，中低年级段进行绘本阅读，每月进行一次整本书阅读交流，每天课前进行经典诵读。同时，从管理要求上提出：老师定期登记、检查为每个学生设置的阅读卡。建立读书制度，推荐读书篇目，保证读书时间，家校联合，共创优良的阅读环境，并写读书笔记。按时完成校本课程“名篇佳作”的背诵任务。

思考力的培养：在实践中，我借助“三级提问”能力的培养发展学生思维。发现问题、提出问题、解决问题是勤于动脑、善于思考、勇于创造的表现，学生提问的能力也是可以循序渐进培养的，在教学实践中我将学生提问能力的培养分为三个阶段，即：敢问—善问—拓问。（1）第一阶段是敢问，即障碍性提问，就是唤起学生的主体意识，鼓励他们克服不良心理障碍，把自己学习中不懂或不清楚的问题大胆提出来。要求一年级学生达到此水平。（2）第二阶段是善问，即探究性提问，就是激发学生提出理解上的疑问或对学习材料进行设问。问题可分为两类，一类是学习内容上的理解性问题，一般具有隐蔽性和矛盾性；另一类是思维方向的引导性问题，一般具有启发性和层次性。要求二至三年级的学生达到此水平。（3）第三阶段是拓问，即拓展性提问，即读完学习材料之后提出的拓展性问题和延伸性问题。也就是针对学习材料中不充实或省略之处而提出的问题，及由学习材料而引申出来的问题。

表达力的培养：在教学实践中可以通过有意识、有规划的训练进行，我借助“三层五说”的梯度，针对不同学段的学生进行不同层次的训练，第一层次：敢说、规范说。要求一年级学生达到此水平。第二层次：自由说、评说。要求二至三年级学生达到此水平。第三层次：质疑说。要求四年级及四年级以上学生达到此水平。

二、教师：文本教学价值最大化的四个“走向”

在语文教学中，挖掘文本知识的育人价值，让文本价值为学生语文素养的形成、关键能力的发展服务，是教学从知识导向走向素养导向的前提。

1. 从教师视角走向学生视角

学生到底需要什么？学生的基点在什么地方？教师能否从教师“教”的视角转移到学生“学”的视角，设计有利于学生“学”的活动和方法，这是作为是否考虑到提升学生素养的本质性标志。下面是我在名师工作室活动中选取的同课异构案例。

《自然之道》一课的两个教学目标：

（1）通过学习点面结合的方法，引导学生感受自然之道不可违的道理。

（2）学习点面结合的写作方法，并能够运用这种方法来描写一个场面。

围绕上述目标，教师主要设计了五个教学活动：

活动一：概括课文内容，认识点面结合。

活动二：有感情朗读，再识点和面。

活动三：自主默读，辨别面和点。

活动四：合作学习，学习点面结合。

活动五：迁移运用，点面结合练笔。

从整个教学过程的设计、文本的解读来看，站在教师如何“教”的角度，应该说目标比较明确，指向表达符合本体性教学的一般规律。可是在实际的教学中，学生很难在有效的时间内完成整个教学过程，更不要说写一写，学生可能连基本的写作方法都没有真正掌握，原因何在？

而另一位老师在《自然之道》教学中站在学生“学”的角度，将点面结合的场景分为五个，方法总结为五个字（将这五个字一个一个写在黑板上）。教学很简约，方法很通俗，学生一听就懂，一写就会，这样的提法应该是完全基于学生认知水平的。而“一个一个写”就是一种寻找学生语言最近发展区的最通俗、最有效的方式。

2. 从面面俱到走向一课一得

我们先来看下面的案例。

《可爱的大熊猫》一课的教学思路：

（1）学习写大熊猫的可爱外貌。

（2）学习总分的段落结构。

（3）学习抓住动作描写来表现大熊猫的可爱。

（4）学习一些有趣的词组，并能用它们来描写大熊猫的可爱。

这样的整个教学过程，看似非常关注文章的表达方式，关注到了工具性与人文性的统一，但细致揣摩，便不难发现，这么多的知识点，学生如何在有效的一堂课时间内完成，又如何能真正地转化为自己的言语能力。在平常的教学观察中，我发现很多这样的问题：面对写人、写事文章的时候，学生往往不知道采用什么样的方法，动作、语言、心理、神态、外貌能用上的皆用，想面面俱到，反而面面皆失。解决这一问题的方法就是选点练能，一课一得。

所谓“一课一得”，就是针对课文的不同特点，选取课文的关键处、精美处、深刻处、疑难处、知识内容丰厚处、手法巧妙处等进行重点学习、语言品悟，写法指导都围绕这个选点进行，通过选点练能，达到一课一得。这样的一课一得，才能在语文教学中使学生形成“带得走的东西”“可再生的东西”，从而成为学生能力，变成学生的核心素养。

3. 从单篇细读走向群文整合

从核心素养导向的教学出发，关注知识的整体化，强调知识的结构化和整合化，防止知识的孤立化和碎片化。语文教学中，相对于“深挖洞”的单篇细读而言，多文本的“群文阅读”是一种“广积粮”的课程统整，更利于学生阅读力、思考力和表达力的发展。

案例：我在教《长城赞》的时候，就采用了群文阅读法，让学生学习

《长城赞》主体课文，同时阅读《长城》《沁园春　雪》和关于长城的对联。在谈对《长城赞》的理解感悟时，可以结合补充的两篇文章谈体会。

从学生的发言交流中可以发现，《长城》一文的学习，帮助了学生对《长城赞》第一自然段关于修筑长城的理解；通过《沁园春　雪》的阅读，帮助了学生对《长城赞》第二自然段中关于长城的雄伟壮丽场景描写的理解。

这样围绕某个议题而选择一组文章放在一起阅读学习，丰富了学生的阅读视野，在这样的阅读中，学生的体会因此变得更加丰富、细腻和深刻。在互文性很强的阅读中，学生学会了如何看待事物之间的关系，学会了如何将看似散乱无序的信息整合为系统性的知识，帮助了学生在信息时代学会将碎片化的信息整合组织。

4. 从条分缕析走向落实语用

对于目前的语文教材，大部分老师依然还是将课文内容的传授作为语文课堂教学的重点、难点来处理，而忽略了课文是怎样写的和为什么这样写。在平常的课堂教学中，我们依然会看到：《长城赞》的教学重点确定为感受长城的历史悠久和雄伟壮丽，《琥珀》的教学重点确定为琥珀的发现过程，《詹天佑》的教学重点确定为京张铁路的修建……太多的语文课堂变成了思想品德课堂，把思想教育作为课文的教学价值，真正是“种了别人的田，荒了自己的园”。虽然崔峦老师在很早就大声疾呼，和“内容分析”式的阅读教学说再见。但是，往往内容人人看得见，形式却只有少数有心人可以看到，以至于语文教学思想化严重，语文教学本位的缺失，从内容分析走向落实“语用”势在必行。

课文教学价值的最优化首先要从内容分析走向言语关注，落实“语用”，实现从知识教学到素养教学的转变。

三、学生：关注学生站在课堂中央的四种状态

学生站在课堂中央的教学才是核心素养落地的教学。我们可以通过关注学生的四种状态来衡量。

1. 思维状态

思考力是学生核心素养的关键能力之一，语文课上的阅读是信息输入，

思考是信息加工，表达是信息的输出。思考能力的发展是学生全面发展的重要内容之一，课堂上学生的思考力代表着学生的智力劳动量。课堂上，关注学生发展从关注学生是否围绕着重点问题进行了积极思考，是否敢于提出具有挑战性和独创性的问题，回答问题是否流畅有条理，是否有自己独特的观点并敢于阐述自己的观点，学生敢问、善问，并通过学习提出拓展性问题是学生高阶思维发展的体现。把学生在课堂上的思维状态作为学生核心素养培养的标志是很关键的衡量尺度。我们看这些小学生提出的问题是否彰显了学生卓越的思考力：《咏柳》，春风那么柔和，为什么作者把春风比作锋利的剪刀呢？《九月九日忆山东兄弟》，“遍插茱萸少一人”一句中的“遍”“少”表达了什么样的感情？

2. 参与状态

学生在课堂上的参与度就是参与状态的表现，包括参与广度与参与深度。从参与的广度来看，包括学生参与人数的多少，发言次数的多少；从参与的深度来看，包括学生在课堂上是否积极思考、踊跃发言，是否兴致勃勃地投入学习讨论或操作，是否有多方位的参与，是否包括了行为参与、认知参与或者情感参与，是否口、手、脑多种感官在参与，是否参与了全过程……参与度高就是学生处于课堂中央的表现，也是核心素养落地的具体表现。

3. 交往状态

教学是一种特殊的社会交往。在倡导自主、合作、探究学习方式的今天，考查课堂上学生的交往状态，可以看师生、生生的合作状态如何，是否有良好的合作，师生之间、生生之间的互动是否民主、宽松、和谐，“我有问题”“我来补充”“我有不同见解”“我不同意你的看法”“某某同学的观点带给我新的思考”，在这样的交往中，学生和学生、学生和教师互相成为进步、提高和学习的资源，好奇心得到保护，自信心得到张扬，信息交流增加，交往中，学生的思考力、表达力得到发展。

4. 生成状态

教学是预设与生成的和谐统一。课堂上，学生在参与中、在交往中、在思考中，不断地领悟、发现、收获、提高。除完成预设的内容外，课堂是否生成了非预设的惊喜，一个独特的领悟，一种全新的方法，一个意外的收获，都会使课堂充满动态生成的喜悦，好奇心与求知欲在生成中得到最大的满足，良好的学习状态得以展现。不断生成的课堂成为学生充满着幸福感和快乐感的课堂，学生在生成性的学习中找到了学习的乐趣和生命的意义，获得的不仅仅是知识还有综合素养的提高。

我校指定了这样的好课堂标准，如果达到了这样的标准，四种状态就得以充分实现，“学生站在课堂中央”就不是一句空谈。

自主学习——采用小组合作学习的形式。

创造思维——每节课必须有学生提出问题。

积极思考——每节课必须有学生与学生之间或学生与教师之间关于知识的争论现象。

主动参与——每节课一次都不举手的人数不得多于 5 人。

学生支配——学生的活动时间、自主支配时间多于教师上课的时间。

总之，不只是语文学科，任何学科的教学都不应仅仅是为了使学生获得学科的若干知识，只有指向学生的思想情感、思维方式和价值观的生成提升的教学才是有价值的。这，需要我们每一位教师从知识本位教学走向素养本位教学。

在阅读教学中激活创新能力

郑州市金水区经纬中学小学部　徐艳霞

2017 年，中共中央办公厅、国务院办公厅印发的《关于深化教育体制机制改革的意见》中明确指出，要注重培养支撑学生终身发展、适应时代要求的关键能力，并反复强调要培养学生的社会责任感、创新精神和实践能力。其中，创新能力是学生未来有效应对 21 世纪挑战的关键能力，是一个人的核心竞争力，关乎学生的一生可持续发展，是“核心素养的核心”。但是，目前我国学生素养的最大短板就是创新力不足。

《义务教育语文课程标准（2011 年版）》提出了“在发展语言能力的同时，发展思维能力”“激发想象力和创造潜能”的要求，并特别强调了“开发创造潜能，提高学生发现问题、分析和解决问题的能力，提高语文综合应用能力”的教学建议。因此，在阅读教学中，教师要积极改进教学方式，变革教学方法，尊重学生的好奇心和主体性，鼓励学生自主探究，勇于探索，大胆尝试，培养创新型思维，塑造创新人格，逐步发展创新能力。

一、培养创新性思维

培养学生的创新能力，首先需要激励、唤醒和鼓舞学生的学习主体性，鼓励学生自主探究。课堂上，教师要采用启发式、探究式、讨论式、参与式教学，通过阅读期待、反思和批判等环节，努力唤醒学生的主体意识，鼓舞学生的学习兴趣和自信心，充分发挥学生的主动性和创造性，开展多角度的、有创意的阅读，拓展思维空间，鼓励学生自己学，引导学生学会发现学习、合作学习和创新学习。

培养学生的创新能力，关键是培养其创新性思维，提升学生的思维品质。具体策略如下：

1. 鼓励学生自由提出问题

自主课堂的基本教学原则，就是让学生自己提问题。课堂上，学生围绕自己提出的问题主动思考、合作探究，将更大程度地激发学生思维的积极性。因此，教师要坚持生本主义思想，将课堂学习的知情权、提问权交给学生，鼓励学生有效提问，为探究阅读打基础。

题目是文章的眼睛，引导学生从课题入手质疑，洞察文章的主要内容和作者的写作意图。如写人的文章《数星星的孩子》，就围绕“这个孩子是怎样数星星的？”“这是一个什么样的孩子？”来提问；记事类的文章《植物妈妈有办法》等，就围绕故事的起因、经过和结果三个要素来提问；写景的文章《黄山奇石》等，就围绕“什么美景”“奇在哪里”来提问。这样的问题聚焦教材的人文主题和语文要素，将促进学生对文本内容的阅读兴趣和理解。

经过长期练习，学生就有了主动质疑的习惯和提出问题的能力。更重要的是，学生提出了有效的问题，课堂教学就有了“魂”，教学目标就会聚焦。学生围绕核心问题主动思考，积极参与同桌交流、小组讨论、班级汇报等多向有效对话，发表对某些问题的看法，交流解决问题的过程，分享探究方法和学习收获，在合作探究的过程中激发阅读文本的积极性和思维的灵活性，提高了发散性思维能力。

2. 组织学生进行开放性研讨

语文学习的本质就是人本与文本的碰撞，就是与文本作者、与文本中人物的思想和情感的交流与碰撞。课堂上，教师要带领学生深入文本语言文字的底层，让学生真正走进文本，与作者、时代对话，产生情感共鸣，感悟到自然、生活、心灵的美好。

例如《天游峰的扫路人》一课，当学生围绕核心问题“这是一位怎样的扫路人？”展开学习时，可利用下面有鲜明对比的这两句话适时提出问题：“面对又高又险的天游峰，这位七十多岁的老人，不仅要登山，还要扫地，他到底累不累呢？”引导学生围绕问题展开辩论，激起学生思考的欲望，学会从多种角度看问题。

（1）描写游客的句子："那层层叠叠的石阶，常常使游客们气喘吁吁，大汗淋漓，甚至望而却步，半途而返。"

（2）描写扫路人的句子："不累，不累，我每天早晨扫上山，傍晚扫下山，扫一程，歇一程，再把好山好水看一程。"

大家各抒己见，几番辩论，激发了无穷的创意和灵感："虽然扫路人身体很累，但是他的心不累，因为——他爱那座郁郁葱葱的山，他爱那雪花泉的水，他爱那花鸟做伴的天游峰，他爱那绿色的生活，他爱那生他养他的土地……"课堂最美好的境界就在于学生独特性思维的生成。在精彩的思辨中，学生们有感而发，并体验到生命的内涵。

3. 适时提出探究问题

教师为学生创设探究空间的同时，要参与学生的交流并倾听学生的意见，在关键之处成为解决问题的引领者和组织者，针对教学重点和学生在讨论中的困惑组织研讨，进行有针对性的点拨和总结，引导学生深入思考，发现规律，并做到举一反三。

例如在《青蛙看海》一课的教学中，相机引导学生思考："小青蛙是靠着什么看到了大海？"在《掌声》一课的教学中，强调学生注意："第一次掌声代表什么？第二次掌声代表什么？"引导学生深入理解文本，归纳总结，明白作者意旨，提高认识的深度和广度。

当生生、师生探究解决核心问题后，教师再根据最近发展区原理创设更高层次的新问题情境，鼓励学生"跳一跳摘到果子"，提升探究能力。如总结《黄河的主人》全文时可提问："黄河的主人是谁？作者为什么用大量的笔墨写黄河、写羊皮筏子、写乘客呢？"引导学生体会作者通过侧面描写衬托艄公精神的写作方法。例如《鹬蚌相争》一课："你该怎样劝劝愚蠢的鹬和蚌呢？"

教师努力优化每节课的"问"，给学生一个新的思维起点和思维方向，才能"问"出学生的发散求异，"问"出学生的创新与创造。

4. 随文指导学习方法

为了突出表达效果，使语言生动形象，文本中会使用生动的表达手法，例如，通过语言、动作或神态写人，抓住典型景物的突出特点写景，运用说明、修辞等写作方法使事物形象、生动、具体。不能使这些表达手法仅仅停留在“知其然”的层面，在课堂中要让学生尝试运用，由随机的认知过程变为逻辑的科学思维。

因此，在阅读教学中，教师要创造性地理解和使用教材，挖掘教材的“典型”优势，找准读写结合点，有机地糅进写话练习，创设情境引导学生在随文写话的实践中积累语言，发展运用语言的表达能力，激活想象力，提高求异创新的能力，更大地实现文本阅读的超越。

课文中的词语是很重要的语言材料，只有将这些词语运用到相应的语言环境中，才能内化成为学生的语言。例如《梅兰芳学艺》一课，一个“终于”生动地写出了梅兰芳从一个“不是唱戏的料子”到取得辉煌成就的过程中所付出的艰辛和努力。借此可鼓励学生使用“终于”一词谈谈自己在某一方面取得成功的体验。

文本中具有明显特征且具有价值的精彩句子，都可以让学生进行仿写。例如《秋游》一课，运用“……有的……有的……还有的……”句式描写竞相绽放的花卉、尽情游戏的伙伴和机灵可爱的猴子等，表达了对大自然和生活的热爱之情。

全篇仿写，从整体上学习文章语言的表达方式，体会语言特点，更实现了由读到写、由仿到创的迁移。例如学了《乡下孩子》一课，学生对乡下孩子丰富多彩、幸福愉快的童年生活充满了憧憬。教师可设计“比幸福、比童年”主题写话训练，启发学生仿写诗歌《城市孩子》，发现城市生活的无限乐趣，表达对当前生活的满足感。

针对文本内容的空白点，在感悟文本的基础上，鼓励学生插上想象的翅膀进行补白、延伸等。例如《青蛙看海》一课：青蛙终于到达了山顶，看到了大海。此时此刻，它可能会想到什么呢？会说些什么呢？

另外，通过转换题材等表达方式，鼓励学生练笔。例如，将古诗改写成短文，连词串为一段话；通过显化情感式写话，让学生直接与名人对话，在说写的过程中，结合作者所处的时代背景及面临的处境，从而与作者产生强烈的情感共鸣……

二、塑造创新型人格

塑造创新型人格，关键是变革教学方法，开发学生的非智力因素。课堂上，教师要努力构建自主课堂价值链，体现快乐、平等、宽容、尊重和批判性思维等鲜明特点，为学生创新能力的发展提供内在动力和内部动机，让学生乐学、会学、学好，发自内心地“愿意”去创新。

1. 激发并呵护学生的探究期待

课前预习是课堂有效学习的起点，也是学生发现问题、提高阅读兴趣的必要途径。

从一年级开始，教师就要鼓励学生“课前介入，初步探究”，在已有学习经验的基础上提出问题，或整体感知课文主要写了什么，或提出一个有探究价值的问题。学生带着这些感兴趣的问题走进课堂，自然是好奇心满满，探寻问题答案的阅读欲望就很强烈。

当然，教师一定要坚持“交流信息，归纳探究”教学环节，及时了解学生的预习情况，真正掌握学生的疑难点和探究兴趣，梳理出课堂教学中需要深入探究的核心问题，然后“以学定教”，增强教学的针对性和有效性。

2. 尊重学生的探究兴趣

短短的一节语文课，带给学生的知识和思考的空间是有限的。每学完一篇课文，教师要启发学生根据学习收获再次质疑，提出课后有兴趣继续探究的新问题，进一步去探究生活中的实际问题，将思维拉向更广阔的空间，开始新的“学习”。

例如《晏子使楚》一课：“晏子是春秋战国时期的一个传奇，他拜见楚王连连得胜，那他有没有失败的经历？”《狼和鹿》一课：“凯巴伯森林现在是什么样子？现实中还有没有类似‘狼和鹿’这样的例子？”这些问题涵盖科学、历史、地理、生态学等领域，绝非一节课能详尽解决的。教师可通过课外阅读链接、鼓励学生收集资料和组织实践活动等形式予以连贯迁移，创设更多的问题情境，激发学生拓展探究的自主性。

3. 鼓舞学生的个性探究

每篇文章都有它独特的地方。教学中，教师要依据文体，整体把握，找准每篇文章个性化解读的落脚点，鼓励学生提出个人看法与见解，留出充分的空间让学生去独立思考，多表扬、多激励学生的独立性、自主性和自信心，突出学生的主体性。

例如《黄河的主人》一课中“再定睛一瞧，啊，那上面有人哩！”这句话，教师可预设这样的开放性环节：“你觉得‘啊’后面该用什么标点，并试着朗读。”有的学生说应该用感叹号，因为作者不相信这羊皮筏子上竟然会有人，他很惊讶；有的认为应该用问号，因为看到上面有人，感到非常不可思议；还有的学生觉得应该用问号加感叹号，先是疑问，紧接着是惊叹。

学生加标点的过程，就是联系上下文思考的过程，就是个性化解读文本的过程，就是激活思维的过程。

4. 营造民主、自由的探究环境

学生的成长需要自由，必须留给学生足够的时间来体验和沉思，保证其心智得到自由发展。因此，课堂教学中建立民主型师生关系，保证学生拥有学习自由权，积极创设独立思考、自由探索、勇于创新的学习环境。

例如《真想变成大大的荷叶》这首诗歌中，小诗人不仅想变成雨滴，还想变成小鱼、蝴蝶、蝈蝈、星星等。学习这部分诗句时，可以鼓励学生说出想变成其中的哪一个，然后来说一说、演一演、读一读相应的诗句。

瞧！“小鱼”说：“我想在清凌凌的河水里游来游去，真快活！”一只只“蝴蝶”纷纷站起来，在大家中间飞来飞去，翩翩起舞。“蝈蝈”唱起来了：“咯咯，咯咯……这儿的草丛真茂密，大家快来捉迷藏吧！”“星星”眨着眼睛给小朋友们打招呼呢！

这一环节，学生由课文所展示的美好事物延伸开去，展开充分的想象，自由感悟诗歌的意境，表演生动，书声琅琅，激活丰富的情感体验，课堂学习充满张力和个性。

我们践行“自主课堂”，唤醒和鼓励学生的主体性，组织学生探究阅读，激活创新性思维，塑造创新型人格，旨在让学生的创新之花尽情绽放。

因“材”而施教　让“学”有价值

濮阳市开德小学　何风彩

随着课堂改革中“学生”核心地位的确立，人们热衷于将课堂教学中的“教”与“学”拆开了来掂量、审视、研究，在“教”和“学”之间，人们一直在寻找一个最佳途径与最短距离，甚至希望能找到一个最科学的教学方法与最完美的教学模式，或者说最高明的教学神器，期待教师付出很小的成本，去获取最大的教学价值和学生发展。为此，人们提出了诸如“先学后教”“先教后学”“以教导学”“顺学而导”等概念。细细琢磨，这些提法应该都无法超越几千年前孔老夫子的四字教育箴言——“因材施教”，这里的“因”是“根据”的意思，因材施教是说教师从学生的具体情况和差异出发，有的放矢地进行有差别的教学，使得每个学生获得最佳发展。不同的学生向孔子提出同一问题“闻斯行诸”，意思是听到了一种正确主张就要行动吗？大教育家孔子对个性不同的学生进行的教学是完全不同的：他告诫勇敢鲁莽的子路即使听到了正确的主张，也要再问一下父亲和兄长，却鼓励优柔寡断的冉有听到就要立刻施行。的确，孔子的“因材施教”思想具有丰富的教育哲学内涵。在这样一个继承传统、守正出新的时代，我们可以试着拓宽“材”的内涵，这里的“材”还可以指什么呢？教师依据什么“施教”才能让学生学有价值，获得充足发展呢？我认为，这里的“材”及“施教”的依据应该是非常朴素而又具体的，它应该指具体的学生、具体的学科、具体的教材、具体的教师，下面从四个方面逐一阐述。

一、学生的认知起点决定着“教”与“学”的形态和教学价值的产生

前些年，教育界围绕“教”和“学”谁先谁后有过争论，其实很简单，这应该由学习者的认知水平来决定，我们永远不可能脱离了“具体的学生”去研究“教”，有时需要“先学后教”，有时需要“先教后学”，有时需要“边教边学”，有时需要“互教互学”。

近些年，我研究小学低段较多，刚入学的六七岁小学生在限定时间内翻书到指定页码都困难，更谈不上什么阅读教材的能力和自学能力，他们在课堂上对老师特别依赖，且注意力随时会被身边的物品和小动静吸引走而游离于课堂之外。所以，一年级教师在课堂上需要使出十八般武艺去吸引学生来学，想办法让他们体验探究新知的快乐和美妙。原来我对低年级教师课堂上的婆婆妈妈和拿腔捏调等很是不屑，后来我教一年级时才知道这个阶段的特殊性。小学低年级阶段，教师以什么样的方式去“教”决定了学生能不能参与“学”。

当学生已经有了一定的阅读能力、思考能力和自我解决问题的能力，就必须考虑“先学后教”。当然，学生学的过程中一定会遇到阅读障碍和认知盲点，这时候就需要教师具有敏锐捕捉现场教学信息的能力，根据现场“学”的需要，随时帮学生设方向标，找铺路石，搭脚手架……引导学生扫除学习障碍，打通知识盲点，迈向更高台阶，走向新的发展区域。

其实，这里所说的具体学生，不仅仅是指教室里的群体，更是指教室里的个体。捷克教育家夸美纽斯提出的班级授课制适应了工业社会发展的需要，但班级授课制最大的问题是不能根据学生的个性化需要有针对性地教学。心理学研究成果证明，新入学的 7 岁儿童，其心智发展水平在 4 岁和 11 岁之间不等，试想，这样的差异会给教师的“教”和学生的“学”带来什么样的困难？教学价值如何在所有学生身上实现？如何让全体学生获得发展？目前，教研工作存在一个怪现象，也就是学校鲜有研究教师对学生的个别辅导，似乎个别辅导太低级、太土气，谈不上创新，且不够高大上。其实教师的个别辅导对学生的个性化发展具有不可估量的价值。虽然大数据时代慕课学习优势日渐凸显，但也难以代替教师富有人性温度的个别辅导，尤其是对于低龄学生，在个别辅导时，教师温暖的眼神、启发

性的语气和满怀信任的等待，会促使良好师生关系的建立和学生心智的开启，其教学价值不可估量。

二、学科性质决定着“教”与“学”的方式和教学价值的产生

最近，我开始质疑美国心理学家埃德加·戴尔的“学习金字塔”理论的普遍意义。“学习金字塔”理论认定，“听”和“阅读”是最低效的学习方式，“声音”“图片”及“示范”“小组讨论”学习方式相对高效，而“做中学”“实际演练”“教别人”和“马上应用”才是更为高效的学习方式。首先必须承认，“学习金字塔”理论揭示出了某些学习行为本质上的东西，它让我们重新认识“教”与“学”的关系，启发引导我们追求体验式深度学习，在这场课程改革中具有积极而深远的意义。但是，“学习金字塔”中的低效学习方式“听”和“阅读”对于语文学科却是非常重要的，因为完成语言积累、培养语感恰恰需要日积月累的“听”和“阅读”；而且语言的学习根本不怎么需要太多图片和视频资料，因为那会限制语言文字带给学生的审美与想象空间。近些年，语文教育界不少人大声疾呼“让学生以语文的方式学习语文”，这是令人深思的。

河南省中原名师浙江余姚研修活动中，浙江省特级教师吴加澍在他的专题报告中大力倡导物理的学习要“让学生重演知识的发生过程”，即在教师的指导下，让学生去经历并感受知识发生的原因、知识形成的经过以及知识发展的方向，并借此过程着重培育学生的核心素养。我们认为，吴加澍老师遵循物理学科规律，借鉴“学习金字塔”理论研究成果，寻找学生学习物理的最佳学习方式，这是非常了不起的。但吴加澍老师特别强调“让学生重演知识的发生过程”并非适合其他学科，由此，我们对吴老师科学严谨的学术态度甚为佩服。语文是一个综合性、实践性很强的学科，试想，如果语文课堂上我们追求“让学生重演知识的发生过程”，岂不是缘木求鱼？

我们必须承认，每一门学科都有自己的特性，为实现教学价值，教师需要采用不同的教学方式，学生则需要采用不同的学习方式。数学和音乐学科的学习绝对不应该是一样的，而物理和体育学科的学习方式也会截然

不同。数学追求透彻，语言学习则常常是可意会而不可言传，“巧笑倩兮，美目盼兮”，《诗经》中这句描写女孩子容貌的话不管你解读得多透彻，都赶不上经典诗句本身的魅力，而且不同心境下，你的感悟也不尽相同。确确实实，适合所有学科的教学方式是不存在的，我们需要依据学科的性质特点，依据学科的学习规律，寻找最恰切的、完全属于本学科的教学方式，让学生获得实实在在的发展。

三、教材的特点影响着“教”与“学”方式的选择和教学价值的产生

著名教育家苏霍姆林斯基说，那些能运用到所有学生身上的教学方法是不存在的，也不存在适合所有教育规律的抽象的学生。同样，适合同一学科所有教材的教学方式也是不存在的。我们都知道，对于美术学科，如果教材内容是绘画和手工，“做中学”和“实际演练”的学习方式非常重要，它会让学生获得动手能力和创造能力，但如果教材内容是美术作品欣赏，就该另当别论了。

同样是语文学科，诗歌和说明文，童话和语文园地，在“教”与“学”的方式选择上会有很大区别，如何让不同的教材在教学活动中实现教学价值最大化，让学生获得充分发展？我想，这里没有统一的标准答案，面对具体的教材，我们站在问题开始的地方，去寻找最适合本教材的教学方式。如，小学四年级“中外童话”单元，我们没有一篇一篇地讲读课文，我们用两课时通读本单元童话，之后将全班分成小组去编排童话剧，还充分挖掘家长资源，让他们参与道具制作和服装设计并充当顾问，课堂从教室延伸到了家里的客厅及公园的小广场。“童话剧展演”时学生口中熟练地说出大段大段的台词和旁白，他们还根据自己的理解和想象补充剧情，生动地演绎出了一个个经典童话形象，那一刻，我们被感动了。童话展演后，学生总结童话体裁特点，进行童话拓展阅读学习，读童话，讲童话，写童话。我们相信通过本单元的学习，学生收获的不仅仅是一篇篇童话给予的人生教益和言语智能的提升，更有全新的角色体验和剧组成员用心配合彼此默契地完成一个童话剧演出的协作能力和艺术创造力。

而教学六年级“中外名著”这一单元，我们则采用截然不同的教学方

式，如《猴王出世》（节选自《西游记》）一文，我们采用以读代讲的方法，让学生在有节奏的朗读中边品味边想象，学生朗读“那猴在山中，却会行走跳跃，食草木，饮涧泉，采山花，觅树果；与狼虫为伴，虎豹为群，獐鹿为友，猕猿为亲；夜宿石崖之下，朝游峰洞之中”，学生朗读时的声音和表情让我们相信，每个学生脑海中的孙猴儿形象都要比电视剧中的更加丰满。之后，我们安排学生拓展阅读《西游记》第五回“乱蟠桃大圣偷丹，反天宫诸神捉怪”部分章节，学生读得津津有味，入情入境，尤其是诵读描写王母娘娘蟠桃园的句子——

先熟的，酡颜醉脸；
还生的，带蒂青皮。
凝烟肌带绿，
映日显丹姿。
树下奇葩并异卉，
四时不谢色齐齐。
左右楼台并馆舍，
盈空常见罩云霓。

学生边朗读边体会，那闪亮的眼神似乎在表达着惊叹：原版《西游记》语言如此精妙唯美。课后，学生抛开了手中儿童版《西游记故事》，贪婪地阅读原汁原味的原著，大呼过瘾。我想，这节课的教学价值不仅仅是让学生了解“乱蟠桃大圣偷丹，反天宫诸神捉怪”章节的故事情节，重要的是在学生眼前打开了一扇亮窗。

我们越来越感受到，不同的教材，“教”和“学”都是非常具体的东西，我们需要认真地去思考，教师如何教才能让学生学有价值，这正如物理学家杨振宁所说，要站在问题开始的地方，面对原始的问题，而不要淹没在文献的海洋里……

四、教师的素养和个性决定了教学价值的产生，影响着学生发展的空间

《中国教育报》的《纵深聚焦》栏目曾发布并评论了一线教师最为喜欢的名言，其中德国教育家雅斯贝尔斯的“教育的本质是一棵树摇动另一

棵树，一朵云推动另一朵云，一个灵魂唤醒另一个灵魂”位居榜首。事实上，我们有足够的理由相信：讲台上那个人的生命素养特别重要，只有讲台上的那个生命最美，才会唤醒另一个生命的最美。这句话也印证了中原名师河南省淮滨高级中学李明校长的理念“教育是生命对生命的影响”。

2011 年 9 月，我在江苏师范大学参加国培计划全国小学语文骨干教师培训班学习，其间，有幸被安排到南通师范附小听李吉林老师的报告，并现场观摩其弟子的语文课。李老师的情境教育在中国教育界有着很大的影响，我在 20 世纪 80 年代看过她的课堂实录电影，对李吉林老师无比崇拜，用现在的话来说，那真是女神级别的老师。电影中的李老师教读课文《小小的船》，那美妙的声音和韵律感让人感觉文中诗句已经通过李老师的声音融化在学生心里了，在那样的情境中，学生怎么会不热爱我们民族的语言文化？尤其是当李老师在教室的钢琴边一坐，灵动的手指在键盘上飞舞，学生随着钢琴声一起演唱李老师谱曲的《小小的船》，我觉得那真是世界上最美的情境教学。学生的朗读也一如他们的李老师，似乎每句诗、每个字都不是从学生口中读出来的，而是从学生的心里流淌出来的。电影中李老师还带着学生一起在野外寻找春天，李老师怀中的手风琴飘出悠扬的旋律，学生和着旋律唱起赞美春天的歌曲，学生在这样的课堂教学中怎么会不热爱语文？据说，当年的李老师因良好的语言素养和艺术气质差点被当地的话剧团挖走，如果是那样，可能话剧界多了一位艺术家，教育界则少了一位情境教育专家。但说实话，2011 年听李老师弟子的课，大家能感受到那位青年教师在努力营造一种教学情境，可是从学生学习状态和教学效果来看，那节课和我们在全国各地看到的语文课没有多大差别。大家感叹，情境教育是属于李老师的，因为李老师可以随心所欲、游刃有余地创设出具有“真、美、情、思”四大元素的情境教育，多少年后，也许学生会记不起来每节课随着李老师学习语文的情景了，但汉语言文字的魅力则永远驻留在了学生心里，我想，这不仅仅是情境教育的伟大，更准确地说是讲台上那个人对教室里那群学生的感召和影响。

很多人学习魏老师的“语文课堂六步教学法”，但最终没有取到魏老师的真经，因为教室里的学生不是一推电闸就会运转的机器。我们看魏老师的某节公开课，可以试着去细细估量其中的教学价值，但我们却不好估量日常班级生活中魏老师独特的生命哲学和人格魅力对学生的熏陶和影响。同样，小学教师可以模仿王崧舟的语文课例，但如果没有王崧舟的深厚文化底蕴和诗意语文教育情怀，你就永远不可能成为王崧舟，你可以试着把他的课克隆下来，但你不可能营造出王崧舟老师课堂上特有的学习“气场”，所以，同样的教学设计，讲台上的人不一样，学生从课堂上得到的东西也不一样。

如今，人们已经不再轻易迷信不管什么学段，不管什么学科，不管什么生源状况，不管教师什么素质，通通一个教学方式下来，一个课堂模式可以通行天下解决所有问题的神话。的确，我们需要踏踏实实地研究教师的“教”和学生的“学”之间可以发生什么，研究课堂的教学价值究竟是怎样发生的，我们的教学如何更好地促进学生核心素养的形成以彰显我们的教学价值。

我常想，任何一节课都是独特、具体而不可复制的，我们在教育世界里难以找到一个普适的放之四海而皆准的教育神器，不同的学生、不同的学科、不同的教材、不同的教师决定了课堂的千姿百态，我们需要做的，唯有因“材”而施教，让“学”有价值。

西方哲学家怀特海认为，无论你拥有多少知识或文献，当你面对一个问题时，权当那些东西都不存在，而是直面事物的本身，像一个无知的人那样思考。所以，在直面具体的课堂教学时，我，愿意相信自己是一个无知的人。

关于多文本阅读教学价值的思考

巩义市子美外国语小学　周素娟

教学是一种人为的和为人的社会实践活动，正是这种“人为性”决定了教学是一种价值负载的活动。而教学价值是指在一定的社会历史条件下和具体的教学环境中，教学主体与满足教学主体某种需要的教学客体属性之间的一种关系，这种关系的形成必须依赖于教学主体的实践活动。教学价值是一个多元的范畴，任何一种教学价值取向都不可能成为唯一的价值真理而独领教学活动。

阅读是语文教学永恒的话题。群文阅读作为多文本阅读教学的主要形态，已经成为语文阅读教学的一种趋势和有效途径，为语文教学带来了全新的思考和巨大的影响。在多年来的实践研究中，我们也在不断地思考、实践着群文阅读教学的价值。

一、群文阅读教学实践研究

1. 群文阅读教学的三个基本特征

群文阅读教学是在教材的基础上，组织多篇形式多样的文章，以议题为依托，以粗读、略读为主法，以分享、感悟为核心，以探索、发现为乐趣的教学方法。它有三个基本特征：自主阅读、师生共享、集体建构。基于这三个基本特征，我们提炼出四个关键词：整合、联结、比对、建构，即整合从群文中得到的信息，联结已读文本和已有阅读经验，进行比对，重新建构属于自己的意义和认识，从而加深理解，然后加以运用（教结构、用结构）。

2. 群文阅读教学的四条实践原则

经过反复地学习、实践、反思、重构，我们总结提炼出群文阅读教学的四条基本实践策略，形成了以议题为突破口，以关联性思维架构群文阅读教学，围绕某一议题展开群文阅读教学的基本方法结构，深化了群文阅读的人文主题，落实了语用主题，有效地促进了语文学科育人价值的转化与提升。

策略一：关联思维，相机整合，组文成群

以关联性思维架构群文阅读教学，是群文阅读教学中“组文”的一种基本思路和基本视角。同一篇文章，可以从不同的视角出发，以不同的议题为线索，与不同的文章“组文成群”。关联的基本原则：与课程标准关联，与教学目标关联，为实现学科育人价值服务。

（1）从人文主题关联方面组文。即依据教学需要，为深化对某一人文主题的理解，围绕同一人文主题选择一组文本，进行群文阅读教学。例如：以“人与动物和谐之美”为议题，组文阅读《老人与海鸥》《小狗黑子的眼睛》《森林中的小红狐》；以“自立自强”为议题，组文阅读《桃花心木》《心田上的百合花》等。

（2）从语用主题关联方面组文。即依据教学需要，为落实某一语用目标，围绕同一语用训练点选择一组文本，进行群文阅读教学。例如：以“小说中的环境描写”为议题，组文阅读《穷人》《严冬海猎》《永远的蝴蝶》；以“智人妙语——品悟语言的魅力”为议题，组文阅读《杨氏之子》《孔融妙言对嘲笑》《语言的魅力》《“我不怕人看”》等。

（3）从作家关联方面组文。即依据教学需要，为加深对某一作家及其作品的了解与认识，精选同一作家、不同时期、不同文风的作品，进行群文阅读教学。

例如：以“走近台湾女作家林海音”为议题，组文阅读《冬阳·童年·骆驼队》《爸爸的花儿落了》，带出《城南旧事》整本书的阅读。以“中国动物小说大王——沈石溪”为议题，组文阅读《最后一头战象》《斑羚飞渡》，带出《狼王梦》一书的阅读。

（4）从人物关联方面组文。即依据教学需要，为深化对某一人物的理解，围绕同一人物选择一组文本，进行群文阅读教学。例如：以“周总理——您是这样的人”为议题，组文阅读《一夜的工作》《周总理理发的故事》《飞机遇险的时候》《郭兰英绣金匾，含泪怀念周总理》，带出《周恩来》人物传记阅读。

（5）从文体关联方面组文。即依据教学需要，为强化对某一文体的认识，选择一组相同文体的文章，进行群文阅读教学。例如：以“美丽的童话”为议题，组文阅读《巨人的花园》《幸福是什么》《去年的树》《小木偶的故事》。

策略二：立足语用，兼顾人文，提炼议题

文本中的人文主题与语用主题是相辅相成、互惠共生的。人文主题需要语用主题做支撑，语用主题是为人文主题服务的。在群文阅读教学中，落实了语用主题，人文主题自然突破。群文阅读同样需要坚持“双主题”的落实。然而长期以来，语文学科单篇的线性教学，重讲解分析，轻阅读实践，重人文性，轻工具性，导致语文教学往往把教学目标定位在人文性上而忘记了语文教学的本质属性——让学生学会运用语言表达自己的思想。语文课堂教学高耗低效，学生的语文素养难以得到保证。

在群文阅读教学实践中，我们始终坚持“双主题”整合教学的理念，将人文主题与语用主题有机融合。依据课程标准中年级段的教学目标与内容，从文本中寻找可教学的语文因素，打破教材原有的编排顺序，广泛搜集课内外优质的文本资源进行优化重组，整合“群文”的人文情感主题，挖掘“群文”的语言文字训练主题，精心提炼“群文”议题，确立群文阅读教学的目标，按照认知—实践—迁移的推进逻辑，层层递进，落实“人文＋语用”双主题。

如：以“名家笔下的年味儿”为议题进行的群文阅读教学，以老舍先生《北京的春节》带出田中禾的《童谣中的年》。从表面看单纯聚焦的是“人文”议题，但在实际教学中，老师在带领学生充分品悟字里行间隐含的年味儿的同时，顺理成章地帮助学生理清了这组文本共同使用的表达方法，小结出“详略得当主次明，具体真实年味儿浓”，实现了“人文＋语用”双主题的落实。

再如：以“童话里的对比描写”为议题进行的群文阅读教学，从表面看单纯聚焦的是“语用”议题，但在教学中，老师在带领学生充分品悟对比妙处的同时，对童话故事人文主题的品悟也水到渠成。

在具体的教学实践中，老师们练就了一种“本领”：不仅在理念与课堂实操中努力做到“人文”与“语用”的兼顾，在议题的提炼上也力争将“双主题”整合，提炼出“人文＋语用”的双关议题。如：“童趣乘着想象飞”“巧用拟人妙传情”“一切景语皆情语”“面由心生”等议题，一语双关，将“双主题”有机融合，妙趣横生，一针见血。

策略三：聚焦议题，一课一得，一得深入

崔峦老师强调：“议题，是群文阅读的灵魂。”群文阅读教学要在一定时间内完成一组文本的学习，就必须敢于取舍，有舍有得，整合优化，绝不能面面俱到。那么，如何取舍？我们的基本原则是“聚焦议题，一课一得，一得深入”，这既是我们群文阅读教学取舍的依据，又是群文阅读教学实效、高效的保证，是我们在群文教学实践中提炼生成的一条重要“法宝”。

课例 1

议题：一切景语皆情语

教学方式：一篇带多篇（一组）

选文：《祖父的园子》

拓展阅读：《钱塘湖春行》《春望》《卜算子·送鲍浩然之浙东》《虞美人》

教学设计：

一、研读课文《祖父的园子》，建立“一切景语皆情语”的认知。

二、拓展阅读四首古诗，巩固“一切景语皆情语”的认知。

三、迁移运用：运用“景语皆情语”的表达方式，写一段话。题目为“我们班足球比赛赢了！”（我们班足球比赛输了！）

这节课聚焦的议题是“一切景语皆情语”，整节课的教学设计紧紧围绕这一议题展开，通过研读课文《祖父的园子》，帮助学生建立“一切景语皆情语”的认知；通过拓展阅读四首古诗，巩固“一切景语皆情语”的认知；最后，通过小练笔，运用“景语皆情语”的表达方式，进行写话练习。从学习单篇，建立“一切景语皆情语”的认知，到阅读群文，巩固“一切景语皆情语”的认知，再到小练笔，运用“景语皆情语”表达，层层推进，使议题逐步深化。

课例 2

议题：跟着诗歌去“赏雪”

教学方式：反三归一（多篇文章或片段并列呈现）

选文：四首古诗为《问刘十九》《江雪》《山中雪后》《别董大》

一首现代诗为《雪花的快乐》

教学设计：

一、预习呈现：美文美图，感受“雪”之美。

二、课文研读：诵读诗歌，体会“雪”中情。

三、迁移运用：创编诗歌，表达“雪”之趣。

这节课聚焦的议题是“跟着诗歌去‘赏雪’”，整节课的教学设计紧紧围绕这一议题展开，通过预习、初读、交流、欣赏美图，学生从四首古诗和一首现代诗中充分感受“雪”之美；接着通过研读、诵读五首诗歌，学生从诗歌中充分体会“雪”中情；最后迁移运用，开展创编诗歌活动，表达“雪”之趣。同一主题的四首古诗和一首现代诗同时呈现，集中感知，具有极强的视觉冲击力，有助于唤醒学生已有的生活经验与情感体验，激发学生感受“雪”之美、体会“雪”中情、表达“雪”之趣的强烈欲望。学生跟随诗歌，“赏雪—品雪—写雪”，层层推进，使议题不断深化。

策略四：阅读表达，得意得言，贵在得法

崔峦老师强调，阅读教学有“三得”：得意、得言、得法。小学语文老师要和内容分析式的阅读教学说再见，改进教学的方法，使用好课文这个例子，得意、得言、得法，努力实现例的增值。群文阅读教学，正是“例的增值”的典范。群文阅读教学，不仅要“阅读”，提升阅读力，更要“表达”，提升表达力；不仅要“得意”，帮助学生获得人文、情感、态度、价值观的提升，还要“得言”，让学生得到母语的浸润、熏染与滋养，习策略、学表达，贵在“得法”。得什么法？得“拟人传情”之法，得“用拟人、比喻、夸张表达想象”之法，得“景语皆情语”“借物抒情”之法，得阅读之法、表达之法、学习之法，得知识、得能力、得过程、得方法、得言语，更得精神……而这些，正是语文学科独特的育人价值所在，也是群文阅读教学努力的方向和追求的目标。

3. 群文阅读教学的五种课堂形态

实际上，无论是得意、得言、得法，得的主体都是学生，这是群文阅读教学重要的评价指标之一。得意、得言、得法不是彼此孤立、割裂的，而是相互融合的一个整体，有时得意与得法一体，有时得言与得法一体，有时三者共同融合。不同的教学内容，不同的学段，“三得”的具体指标各有侧重。群文阅读的教学过程，就是促进学生“三得”的过程，让教学目标的指向更加聚焦，教学环节的设计更加清晰简约，实现“三得”的最大化。在这个实践过程中，我们积聚、生成了群文阅读教学的五种课堂形态：

(1)“一篇带多篇”。以一篇文章为基点，向“面”上辐射，把从一篇文章阅读中习得的知识结构、方法结构、能力结构、思维结构等，运用到多篇文章的阅读学习中。

(2)“反三归一”。阅读学习多篇相同议题文章，通过对比、梳理、归纳，建构起相应的知识结构、方法结构、能力结构、思维结构等，并加以运用。

(3)“一组带一群”。学完教材的一个单元文章后，再整体补充若干篇相关联的文章。

(4)“单元整合，重点训练”。把教材的某一个单元看成一个整体，整合本单元的议题，挖掘本单元的训练点，然后围绕训练点大胆取舍，做到“一课一小得，一单元一大得”。

(5)“以文带书”。学完一课或者一组文章后，推荐学生读整本书。逐篇地快速阅读，永远也替代不了整本书的阅读。

二、关于群文阅读教学价值的思考

华东师范大学“生命·实践”教育学研究院院长、“新基础教育”倡导者李政涛教授指出，语文课要做好三件事：阅读、积累、表达。而群文阅读教学正是阅读与表达最有效的积累方式，抓住了语文学习的“根”，回归了语文教育的本质。

1. 群文阅读让师生回归到阅读的本原

群文阅读教学，让阅读成为师生的语文学习常态，培养了“在生活中阅读、在阅读中生活”的意识和习惯；改变了“重知识积累，轻思维训练；重考试的指向性，轻语文素养培养”的倾向；实现了教学相长，要让学生读一组文章，就意味着教师要读更多的书，精神丰盈的教师势必引领学生走向精神丰盈。

2. 群文阅读是对真实阅读现状的模拟

我们每天要面对“海量”的阅读信息，阅读这些信息的方式基本上是非连续性阅读。这对我们的阅读能力提出了挑战，所以我们要学会掌握信息、分辨信息、筛选信息、整合信息、吸收信息。而群文阅读正是对当下阅读现状的回应和模拟。

3. 群文阅读改变了阅读教学的痼疾

从一篇到一群的最大价值是改变了以往阅读教学的痼疾——用“举一反三”的理科学习方式来学习语文，回归到语文学习的本质——“反三归一”。通过大量阅读，由量的积累到质的突破，这就意味着“教”的改变：“让学于生”，把课堂的大块时间用于学生的自读自悟，真正落实了课外阅读课内化，培养学生略读、浏览、扫读、跳读、选读、猜读、抓关键信息读等多种阅读方法，提高了阅读效率，扩大了阅读量，提升了阅读力、思考力和表达力。

4. 群文阅读提升了师生的思维品质

语文课程中有许多概念，如词、句、段、篇、文体、结构、思路等，对形成学生的语文能力非常有用，但都毫无规律地分散在每篇课文中。我们用结构性思维调整教学内容，将教学内容按类集中，形成类知识结构，教师利用第一篇“教结构”，引导学生通过比对、联结，完成建构，学生“用结构”自主学习第二篇或其他篇目，形成了清晰的群文阅读教学基本展开逻辑，培养了学生的类结构意识，发展了学生的关联思维品质。

三、我们的愿景

课程整合是课程改革的方向，在群文阅读教学的实践和探索中，语文学科内的课程整合已经初见成效，但还处于局部整合的状态，缺乏系统思考和长远规划。作为语文教师，我们的眼界应该更广阔、更长远，立足孩子未来的发展需要，系统思考，长远规划，持续关注阅读，关注课程整合，创新阅读方法，提高阅读效率，让孩子们在丰富的阅读天空中自由飞翔，呈现生命的最美姿态。

一切教学实践都是为学生发展服务的，这正是教学的根本价值所在。教学研究永无止境，我愿和我的团队一起在多文本阅读教学实践研究的道路上继续探索，改变师生的生命状态，唤醒师生的成长自觉，和他们一起成为生命自觉的人。

走向学生认知深处的数学

郑州市金水区经纬中学小学部　董文华

帕克·帕尔默在《教学勇气》中说，真正好的教学不能降低到技术层面上。作为数学教师的我常常思考：该如何以数学学科为载体促进学生核心素养的发展？近几年，我结合数学学科本质、学生学习数学的特点及个人教学风格，提出了“滋养生命的数学”这一教学主张，并寻求切实可行的实践路径，让学生悦纳数学、享受数学，并通过数学教育启迪智慧、润泽生命，助推学生一生的发展。

一、丰富多元，让学生恋上数学

《义务教育数学课程标准（2011年版）》在总目标中提出了“体会数学知识之间、数学与其他学科之间、数学与生活之间的联系”的课程理念。因此，数学课堂不仅仅是在预设的圈子里精讲细练，也不只是在一个维度，应该允许有价值的“课外活水”补充课堂教学。这样才能打开学生的视野，让数学的学习逐步走向辽阔。

1. 多资源融合，感受数学之“丰”

一个数学教师，如果仅仅盯着“课本”教数学，眼中只剩下“解题技巧”，势必会造成数学课堂的短视和窄化。教学中应将数学置身于更为广阔的背景中，满足学生的好奇心和求知欲。

教学“东南西北”一课，我提前给学生布置作业：搜集一些关于辨别方向的儿歌和谚语，通过唤醒日常生活经验辨别生活中的四个方向。课堂上，学生兴致勃勃地展示了自己搜集的儿歌和谚语：

“春天，大雁向北飞；秋天，大雁向南归。”

“早上出门看太阳，晚上回家看北斗。”

“太阳公公出东方，到了傍晚挂西边。”

…………

接下来，我给学生推荐了其他语文版本的课文《要是你在野外迷了路》。学生一听，数学课上读语文课文？兴致高涨！“要是你在野外迷了路，可千万别慌张。大自然有很多天然的指南针，会帮助你辨别方向。……太阳是个忠实的向导……北极星是盏指路灯……要是碰上阴雨天，大树也会来帮忙。……大自然有很多天然的指南针，需要你细细观察，多多去想。”

看着一张张活泼、可爱的小脸，听着抑扬顿挫的读书声，那一刻我也沉浸其中。数学课上响起了美妙的读书声，如同和煦春日一样令人心旷神怡。

本节课仅就知识点而言，学会辨别生活中的东南西北四个方向，培养空间感是学科教学规定的教学目标。但是辨别方向要和现实生活、大自然联系起来，要让学生体会到生活和大自然是一部永远也读不完的书。

类似的课程资源比比皆是。我们在《乌鸦喝水》的寓言里，体会体积的含义；在《曹冲称象》的故事中，体会测量不规则物体的体积蕴含的“化整为零”的思维策略；在《千字文》的经典教学中，“认识1000以内的数”，每句4个字，每排5句的排列有助于培养学生的数感；在科学实验室体验“升和毫升”的具体意义；在操场上体验“1千米有多远”；在综合实践活动中体验“1亿有多大”；学习“生活中的比”，学生的眼光开始关注“身体中奇妙的比”……

学生的兴趣很少局限在某一特定学科，他们更愿意接触多学科交叉的百科知识，资源的多元与丰足让枯燥的教学变得鲜活。学生在“见多识广”中看得更多，想得更深，领略到数学的“丰富多彩”。

2. 学以致用，凸显数学之“智”

如果说语文可以让学生愉悦、快乐，对这个世界充满感性和热情的话，数学则让学生聪明、幸福，对这个世界充满理性和思考。

比如我在教学“可能性的大小”一课时，将历史故事“狄青征战”引入课堂。狄青在100个硬币上做文章，实现从“不确定”事件到“确定”

事件的转变，鼓舞了官兵们的士气。通过该故事的讲述，学生感受到数学知识中蕴含着深刻哲理，同时也领悟到事物之间相互转化的玄妙，提高了现实的推理能力、思维素养及应用意识。

在课的结尾，通过“黄金救援 72 小时”扩展课堂教学的第二个目标，让学生学会用概率的眼光观察大千世界，观察和分析生活现象，而不仅仅以一成不变的思维方式去理解事物。

这一活动看似简单，其实蕴含着数学课堂的文化价值，让学生体验到：数学作用于社会，数学改变着人们对问题的看法、思考方式及生活方式。课堂上，学生静静地看着老师在黑板上一笔一画写下：“万事无绝对，一切皆可能！”下课铃响了，所有在场的师生还沉浸在数学的神奇魅力中，沉浸在课堂带给他们的深深震撼中……

数学教学有时候也需要“不务正业”，跳出学科内部的枝枝节节，看似“旁逸斜出”，却能让数学变得更加丰富而柔软。

3. 妙趣横生，感受数学之“趣”

数学是理性的，也应该是有趣的。教学中注意“寓教于乐”“开窍有术”，培养学生的学习兴趣，使学生保持旺盛的专注力和持久力。

学习“3 的倍数”时，师生可一起玩“不会输的游戏”。盘子里有 21 个弹球，甲、乙两人轮流拿，一次最少拿 1 个，最多拿 2 个，谁拿到最后 1 个弹球谁就算赢。如何才能立于不败之地呢？课堂上学生以小组为单位，边玩边思考如何才能获胜，在玩中体悟出必胜的策略：第一，让对手先拿；第二，对手拿 1 个你就拿 2 个，对手拿 2 个你就拿 1 个，始终使双方拿的个数是 3 的倍数。

这个游戏从课内玩到了课外，从学校玩到了家里，从低年级玩到了高年级，从拿弹珠玩到拿扑克牌、火柴棒等。如果要拿的弹珠不是 3 的倍数，或者变换游戏规则：两人一次最多拿 4 个，这时候想要知道取胜的法宝是什么，那就继续玩啊！就这样，学生乐此不疲地去探究、去发现、去揭秘，由知识到结论，由结论引发对新问题的再思考。

这样的数学学习，将知识性、探索性与趣味性融为一体。数学课堂多了一些意想不到的发现，多了一些神秘，学习变得有引力、有温度、有情趣、有魅力、有期待。数学以独特的形式“娱人”，以无穷的奥秘“迷人”，以潜在的功能“育人”。

4. 独具匠心，品味数学之“美”

德国数学家克莱因说，音乐能激发或抚慰情怀，绘画使人赏心悦目，诗歌能动人心弦，哲学使人获得智慧，科技可以改善物质生活，但数学却能提供以上一切。这也应了古希腊数学家普洛克拉斯的话：哪里有数学，哪里就有美。数学不仅是严谨的科学，同样还充满着艺术的魅力。数学中一个个简洁的公式、一幅幅优美的图形和一组组有趣的算式等，无一不彰显着和谐、庄严、永恒的美。

一年级开始学习对图形的认识，二年级学习图形的变化，三年级学习轴对称图形，六年级学习对圆的认识，这些内容都充分体现了数学的图形美。我们开展了“魔法剪刀”“巧手大比拼”“我是小小创造家”等图形创意活动，学生在课外展开想象进行设计并动手操作、装饰美化，一幅幅作品饱含着创意、热情和心血，巧妙的设计、绚丽的色彩和变化的图形让人眼前一亮。

创造作品是培养学生观察能力、空间想象能力和动手操作能力的好载体，有的创意甚至连老师也想不到。在这个过程中，培养了学生的审美观，使他们觉得数学有趣、好玩，并体验到成功的快乐，也增进了学生对数学文化的感悟。

就连平时的计算题目，也蕴含着奇妙的规律。学习两位数乘两位数时，如 11×11、12×11、25×11、42×11，学生最初用竖式进行计算，后来发现这样的算式乘积是有规律的，有的学生还总结出了“中间一加、两边一拉”的计算规律。那么，是不是所有的两位数乘 11 都是这个规律呢？这个问题又激起了学生更大的探究热情，学生并由此联想到三位数乘 11……从 40 分钟的课堂探究延伸到课外探究，思维活动处于浓厚的兴趣之中，原来枯燥的数字后面有这么迷人的景象。

二、日记、美文和展示，让数学与众不同

一提到数学，人们总会不由自主地想到没完没了的演算，既枯燥又无味，于是数学成了学生心中最怕的学科之一。数学真的那么可怕吗？其实，

只要教师用一点心思和创意，数学完全可以变得不一样。

1. 数学日记，写出学科新精彩

八年前接手一年级，我突发奇想尝试让学生“写数学”。不做硬性规定，只要写就展示给大家看，呵护学生“写”的兴趣。低年级的时候，学生识字不多，大多用生动直观的方式记录自己眼中的数学与生活，用“量化”的眼光提取生活中的数学成分；中年级，学生开始记录用数学知识解决生活问题的过程，学生有了一定深度的思考水平；升入高年级，“写数学”的内容更加丰富了，学生开始记录有趣的课外小调查、小实践。

八年的时间，没有人监督、没有人考核，在费心劳神又看似没有多大“价值”的坚守中，越来越多的学生喜欢上了“写数学”这种形式。由简单到复杂，从模仿到创新；题材越来越丰富，形式越来越多样；思考越来越明晰，内涵越来越丰富。而这一切，是学习数学的持续动力。

2. 美文欣赏，数学课上的另类风景

八年前，我开始尝试在数学课上“见缝插针”和学生一起欣赏美文，这成了数学课上的另类风景。如果哪节课教学任务不算重，或者学生表现得好提前完成了教学任务，我会用两三分钟，奖励给他们一篇富有哲理的美文或数学家的励志故事，如《大仲马智取稿酬》《被开除的数学家》《玫瑰的余香》《让内心拥有春天》《戴尔的自信罐》《最珍贵的诚实》……

这些可能和我所教的学科知识无关。有时，我也会心虚地问：算不算不务正业？在苏霍姆林斯基的话中我找到了强有力的支撑：“小学里错过了的东西，就永远无法弥补了。”而这份担当，不分学科。当课堂以这样鲜活、动人的情感浸润学生生命的时候，它一定会在学生的心中种下景仰、热爱的种子。

我相信，在数学触及不到的心灵角落，学生会在文字中看到另一个自我。这些东西是用来成长的，不是用来考试的，这是教育更高层次的追求。

3. 成长展示，让学生恋上数学

这几年的教师节，我都会坚持去做一件事，把学生这一年来写的数学日记、整理的数学网络图、画的数学图画、做的手工、师生课余交流的照片等所有记忆串在一起，做成幻灯片——《成长的足迹》。

作为老师，当你的眼光超越了数学学科的限制时，你就关注了更本质的东西——学生的生命。当你关注学生生命的时候，数学课的成果也就变得不一样起来。这时，学生的数学日记、数学网络图、数学图画，不仅仅体现了他们对数学知识的理解、消化和运用，还成为学生打通自己和外界的一座桥梁，成为学生生命成长的印迹。

当学生看到幻灯片上的那些多姿多彩的日记、网络图和图画时，仿佛看到了自己课内外的模样，看到了数学之外的作品，那一刻的激动真是无法用语言形容。学生快乐我快乐，我和学生是一对生命的共同体，彼此润泽，互相成全。

三、站在知识的立场，关注生命的脉动

印度民族运动领袖甘地，有一次到某学校去演讲。他从遇到的第一个老师开始问，老师你是教什么的？我是教数学的，我是教语文的，我是教历史的，我是教生物的……甘地登上讲堂跟大家说：我想大家有点儿误会了。我们到学校不是为了教数学、语文、历史、地理，我们是来教人的。

《义务教育数学课程标准（2011 年版）》倡导“为学生创造良好的数学教育”，倡导“知识技能”“数学思考”“问题解决”“情感态度”四个方面有机结合起来，这里的“情感态度”并不是备课时写的条条框框，它需要渗透在课堂的场景中。比如，创设自然舒适的课堂文化，用贴切的语言为学生减压，关注坐在角落的沉默群体，关注学生学习过程中的情感变化，让出错的学生体面地坐下……

站在知识的立场，关注生命的脉动，其核心是一种教育观和学生观的变革，也是教育更高层次的追求。作为老师，我们要常常反思自己，你仅仅在教知识吗？有没有把学生的生活、生命、做人和你的学科融会贯通？有没有让学生看到外面的世界和更加广阔的未来？有没有让学生变得宽容并且更有责任感？做到上述内容，我们不仅需要在丰实课堂底蕴上下功夫，让学生对课堂产生向往和眷恋；我们还需要站在生命哲学的角度，关注学生心智发展和人格的完善。

课堂小天地，天地大数学。课堂上 40 分钟的时间是有限的，思维的

空间却是无限的；传授的知识是有限的，蕴含的智慧却是无限的。走向学生认知深处的数学，就是激发学生做一个热情的思考者，理性、辩证地看待问题，不仅要让学生在知识学习这条路上学得好，更需要在人生道路上走得远，从而达到点化、润泽生命的目的。

以阅读促进薄弱学校学生全面发展的实践

信阳市第九小学 周雁翎

教育学家苏霍姆林斯基说过：“让学生变聪明的方法，不是补课，不是增加作业量，而是阅读，阅读，再阅读。”阅读，是实现学生能力发展和心灵成长同步提升的最佳方式。把阅读与学科教学紧密结合，教学价值会进一步凸显；把阅读与社会生活结合，学生发展将会更全面健康。在我20余年的教育教学中，形成了自己的教学主张——“养读语文”，明确阅读是语文的“根”，小学阶段是学生阅读敏感期，也是养成阅读习惯的关键期。工作中，努力践行以社会、自然、生活为教育场景，以阅读习惯培养和广泛阅读为基础的“养读语文”。工作之余，我也一直进行课外阅读推广，鼓励家长、亲朋好友带领自己的孩子阅读，在书海中汇聚正能量，实现人格和智慧的双重丰盈。

2014年，我调入信阳市第九小学，这是一所位于城乡接合部的进城务工人员子女学校。全校1916名学生，1394名为进城务工人员子女，其余大部分为学校周围的金杯菜场、新华菜场和新马路菜场商户的子女。这些学生的家长忙于生计，很少有精力照顾和辅导子女。让我记忆犹新的是，一个寒冷的周一早晨，升旗时一个六年级的女孩儿突然晕倒了。我们把她抱到办公室，准备叫救护车时，她醒来了。断断续续地询问之后才知道，她的爸爸妈妈是新马路菜场的商户，每天凌晨3：00就出门批发菜了。她还有个上幼儿园的小弟弟，这个女孩儿每天早上起来自己做饭不说，还要给弟弟穿衣喂饭，然后将弟弟送到家门口的幼儿园后，自己再来上学。如果弟弟一闹腾耽误了时间，她就顾不上吃早饭。

如此情况下，让家长指导学生课外阅读是不切实际的。小学学习相对简单，如果仅仅关注当下的话，完成教学任务还是没有问题的。但可以预见，因为知识背景的狭窄，学生升入初高中后学习会缺乏后劲儿。如何让我们的学生获得更多的发展？

既然家长当不了孩子的老师，那我们就当孩子的家长吧。于是，2014年，学校提出了“课外阅读课内化”的口号，主动肩负起指导学生课外阅读的责任，开始进行“养读课程”建设。期望通过养读课程改善进城务工人员子女的阅读状态，用阅读来“养兴趣、养习惯、养性情、养底蕴”，凸显教育价值，促进学生发展，从学校层面减小教育鸿沟，促进教育公平。将近五年的养读课程实践，大致经历了三个阶段，由单科走向综合，从学校走向社会，从书本走向生活，最终使学生综合素养得到提升，实现自我成长。

一、养读课程 1.0 版：语文养读课程

养读课程最初是由语文教师负责的，我们建立了“123X”语文养读课程模式。其中，“1”是指一本语文书，大约用三个月讲完；“2”是指向经典和现代两个方向的背诵内容。小学是背诵的黄金时期，做好背诵的童子功，学生一生都受益无穷。学校自编了晨诵教材，让学生先不求甚解地把经典背下来。自编的晨诵教材，内容分为经典和儿童诗两部分，我们用“2”来代指它。晨诵教材内容是老师根据学生的实际选择的，并根据实践效果逐年调整。最初的第一版只包含一、二两个年级，第二版实现了六个年级全覆盖，第二版晨诵教材荣获市校本教材一等奖、省三等奖，并参加了省校本教材现场展示会；现在使用的是进一步完善的第三版，无论是内容还是装帧都有了很大改变。“3”是我们根据学生实际确定的每学期三本必读书，必读书目也进行了三次修订，力求做到学生喜欢，教师乐用。三本必读书纳入课堂教学，并进行期末检测。“X”是指学生在学校图书室、班级图书角和图书漂流活动中自由阅读的书籍。

如何落实“123X”养读课程，老师们遇到了不少问题。例如：如何让晨诵不那么枯燥；如何巩固背诵成果，对抗遗忘。对此，老师们做了很多尝试，产生了很多趣味诵读法，如拍手法、说相声法、加衬词法、摇头晃

脑法、打电话法，甚至还有“吵架法”，虽然很幼稚，但它们产生于学生，学生们特别喜欢，乐此不疲。我想，只要是学生喜欢的，能帮助他们记忆的，就是最好的。

如何指导整本书阅读？这对老师们是个挑战，我们实事求是，一个专题一个专题地进行教学研究，探索出了10余种养读课程。

如何使学生保持自主阅读的热度？大队部配合举办了丰富多彩的读书活动：每年四月举行“悦读节”，开展图书跳蚤市场活动，邀请动物小说大王沈石溪来校作讲座，利用升旗仪式进行班级诵读成果展演，推荐自主阅读书目，成立了多个读书社团如“雅风吟诵社”“小露珠儿童诗社”，开展图书漂流活动……

如何让家长了解阅读并配合阅读？学校专门组织教师录制了指导家长的系列视频微课《教你如何阅读绘本》，通过学校微信公众平台推送给每一位家长；学校成立了教师志愿者团队，到社区、到户外举行亲子阅读会，促进更多的家庭走进亲子阅读的行列。

二、养读课程2.0版：全学科养读

课外阅读课内化，我们忙碌着，但我们更幸福着，幸福着课程的进展，幸福着学生的成长。

没过多久，我们又意识到新的问题。对于学生来说，学校给他们的书很可能就是他们阅读的全部。仅仅从语文角度推荐的阅读书会不会导致营养不均衡？怎样才能提供全营养的阅读？于是我们再次斟酌筛选，从文学、科学与数学、人文与艺术三个维度重新挑选了必读书。不仅语文老师，数学、科学等老师也都参与进来，阅读、研究、编写教案，设计读书单、自测题，考虑如何使学生的阅读更深入、更有质量，也考虑如何让阅读变得更有趣、更有挑战性。在各科老师共同努力下，学校一至六年级养读课程的教学辅助用书《全学科养读教师手册》《全学科养读学生手册》诞生了。

以三年级上学期人文与艺术类必读书目《看，身体怎么说话》为例，本着教师用书使用方便的原则，内容包括封面故事、作者简介、精彩书评、读书会教案、主题诗歌赏析、拓展阅读、快乐测一测、精彩晒一晒、我来写一写等几个部分，其中的重点部分“读书会教案”选用了学生喜欢的闯关竞赛方式，教师操作起来也简便易行。可以说每个环节都是用心为提高学生的学习能力量身打造的，期望爱阅读的学生通过阅读能收获更多，期望不爱阅读的学生也能在团队的带动下渐渐对阅读感兴趣。

科学与数学类、文学类的教师用书和学生用书的内容结构和上段介绍的人文与艺术类的结构基本相同。

这一阶段，语文教师也没有停下前进的脚步，继续深入研究了儿童阅读的内在进程规律，研究了儿童分级阅读进阶图、儿童会读与会写能力图谱，探索出“图书漂流”“阅读记录单”“思维导图”“阅读地图”等推进策略。尤其是班级的图书漂流活动，效果出乎意料地好，真应了那句话“书非借不能读也”，现在谁借的书多，谁的书被借出去次数多，成了班里最时髦的话题了。

这样六年下来，除了教材，我们的学生保底可以看36本各种内容的书，背诵大量经典和现代诗歌。而读书多的学生一个学期就可以读几十本书，文字阅读量达上百万字。

三、养读课程3.0版：全息养读

探索全学科养读的同时，顺应大数据时代综合化教育的趋势，打破传统儿童阅读方式，从单纯纸质阅读走向纸质阅读与数字化阅读相结合的模式。举例：三年级围绕“成长”主题，从“相信自己”和“坚持梦想”两个板块展开阅读，书本阅读围绕《夏洛的网》，课堂导读，课外自读，课间互读；数字化阅读围绕电影《夏洛的网》《小鬼当家》，设计“今天我当家”的实践活动，用思维导图、读书小报、读书心得等全息阅读方式，让学生们体会到成长过程总会遇到很多困难，但只要坚持梦想，不懈努力，就能创造奇迹。影视赏析使学生的自主阅读兴趣得到激发，生活实践使阅读体悟更深入，阅读实现了从 “量变”到“质变”，阅读素养也自然而然地形成。

四、养读课程 4.0 版：全人养读

阅读，更是用阅历读。社会是一本打开的立体书，成长需要从对社会和生活的阅读中汲取营养。而这正是学生所缺乏的。

为了引导学生从“书本阅读”走向“社会阅读”和“生活阅读”，学校结合实际，设计了行走系列社会空间阅读课程，包括春季鄂豫皖纪念馆系列课程（系列图片）和秋季博物馆课程（系列图片），同时结合我们学校紧邻金杯菜场，学生大多是菜场商户子女的特点，设计了走进菜场系列课程（系列图片），初步形成了“信息收集—聚合整合—分析思考—观点表达”的全人阅读课型。

同时，全人养读活动都有对应的书籍来进一步深化学生的认识，比如走进菜场活动的辅助读物有《蔬菜水果的秘密》《它们是怎么长出来的？》《小种子，快长大》《苹果树上的外婆》，茶文化研学活动的辅助读物有《茶文化知识读本》，学校的其他课程也是如此，情绪课程辅之以《生气汤》《我的情绪小怪兽》，人际课程辅之以《阿莫的生病日》《我有友情要出租》，节日课程辅之以《图说中国节》《香喷喷的节日》，创新课程辅之以“第一次发现”丛书、《可怕的科学》、《101 个水的实验》……

这样，养读课程模式从单一的“语文教师 + 学生”走向“各科教师 + 全体教师 + 学生 + 家长 + 社会资源”，实现阅读内容和方式的“全领域”。突破学科本位，走向“全人发展”与“全素养”提升。在实现学科素养提升的同时，学生的意志品质、批判性思维、交流与合作能力、创新精神等素养也得到了提高。

养读课程，不仅提高了学生的阅读能力，还成为学生自我教育和心灵成长的有效途径。学校六（3）班有个学生调皮得很，用他妈妈的话说“天天出去野，不到吃饭的时间不落屋，吃完饭嘴一抹又跑了”，学习自然不理想。但听他妈妈说，自从学校开展读书活动后，他就慢慢变了，变得喜欢看书了，在家经常捧本书一看就是半天，暑假经常一整天待在书店看书。前一阵子，班级举行图书漂流活动，为了能看更多的书，妈妈发现他躲被窝里用手电筒看书。孩子尤其爱看模型、手工制作类的书，而且一看就会做，去年区里组织科技创新比赛，他制作的海陆两栖电动

舰船获一等奖。

正是很多这样的成长故事激励着老师们持续不断地研究和付出，我们相信让这些进城务工人员子女的童年与美好的童书相遇，是我们送给他们童年最美的礼物。这个信念也激励着我们在养读的道路上摸索着，实践着。

如今，通过历时将近五年的养读课程建设，我们探索出了一系列养读课程实施策略，开发了配套资源、实践多种课型并形成案例，形成了一大批有影响力的养读课程优质资源，出版的教材荣获省级校本教材成果奖；更重要的是养读课程有效帮助务工人员子女、留守儿童养成阅读习惯，提升了综合素养，还促进了学校教师的专业发展，形成了学校的特色文化。实践证明养读课程是素质拓展性质的课程，不仅提升学生语文素养，而且着眼于学生的终身发展，其根本价值在于培养阅读兴趣、养成阅读习惯、提高阅读品味、发扬学生个性、丰富学生文化底蕴，是一种成长课程。

同时，养读课程产生于薄弱学校，课程设计和实施策略兼具“实用性”和“易用性”，成果接地气、易推广，尤其适用于师资相对薄弱的进城务工人员子女学校。几年来，依托核心示范区、试验区（校）、“国培计划”、网络平台等，“养读”成果辐射全省，产生了良好的示范效果，被搜狐网、河南教育等媒体争相报道。“中原名师周雁翎工作室”被河南省教育厅评为河南省终身学习品牌。

养读课程，以“养”促“读”，用“读”来“养”。我们坚信：“养”通“阳”，用阅读培养学生的阳光心态；“养”通“扬”，在阅读中发扬个性，做不一样的自己，做最好的自己；“养”通“氧”，让阅读像呼吸一样自然；“养”通“洋”，“眼前直下三千字，胸中但无一点尘”，目阅千书，心若海洋，最终实现我们的目标——“养读千日，书香一生”！

例谈教学价值与学生发展

焦作市实验小学　王文霞

“以人为本”是科学发展观的核心，“以学生发展为本”是正确的教学价值观的体现。教学的意义何在？不是教师展示才华、炫耀知识，而是让学生在教学活动中学习知识、发展智力、形成能力，思想情感方面受到熏陶、感染，实现“育人为本”的根本目标。对于一节课来说，要想最大限度体现教学价值，教师必须思考“教什么”“怎么教”。下面以《蒙娜丽莎之约》为例，谈一谈我对教学价值与学生发展方面的思考。

一、教什么

王荣生教授说：“一堂好课的最低标准是要有适宜的语文教学内容。”“适宜的教学内容”是实现教学价值的基础。“以学生发展为本”的教学价值观决定了“教什么”，“教什么”不是由教师的主观意识决定，更多地取决于文本、学生及教科书编者的意图。

1. 深入研读文本

文本是课堂阅读教学的重要凭借，是第一教学资源。特级教师孙双金说过，唯有吃透教材，才能设计出好的教路、学路；唯有吃透教材，课堂上才能关注学生的思维和情感；唯有吃透教材，教师才能应对学生各种疑难问题；唯有吃透教材，教师才能在课堂上挥洒自如，潇洒走一回。要想使阅读教学实现理想的教学价值，教师必须深入研读文本，准确了解文章的主要内容，体会表达的情感，弄清表达的方法及作用，从而找准合适的切入口，思考如何以新颖独特的视角引领学生准确、合理地解读文本。

《蒙娜丽莎之约》是人教版《语文》六年级上册第八单元的一篇略读课文。课文用生动的语言向我们细致地展现了达·芬奇的精湛画技和他天才的想象力。这篇文章在表现画作的魅力上运用了侧面描写和正面描写相结合的手法。第1—4自然段从队伍之长、移动缓慢、耐心等待以及展出不易等方面侧面烘托了画作的魅力；第5—7自然段直接描写画作，用生动的语言描述画作中蒙娜丽莎优雅、端庄的形象及那淡雅而又神秘的微笑。侧面描写和正面描写的完美结合，充分体现了《蒙娜丽莎》这幅名画的艺术魅力及在世界美术史上的地位。文章在表现蒙娜丽莎的微笑时展开了丰富的想象，“那微笑，有时让人觉得舒畅温柔，有时让人觉得略含哀伤，有时让人觉得十分亲切，有时又让人觉得有几分矜持”。作者将眼前看到的和内心的想象自然地融合在一起，运用想象将蒙娜丽莎的微笑描写得生动具体、栩栩如生。鉴于对文本的研读，引导学生了解《蒙娜丽莎之约》这篇课文的主要内容、表达方法及感受艺术的魅力，应该是教学的主要内容。

2. 理解编者意图

《义务教育语文课程标准（2011年版）》中指出：“阅读教学是学生、教师、教科书编者、文本之间对话的过程。”与《义务教育语文课程标准（2001年版）》相比，“对话”的角色增添了“教科书编者”。教科书体现着编者的教育思想、教学理念、编写思路等，与教科书编者对话，能避免解读文本过深、讲解过度、拓展过宽，忽视工具性与人文性统一等问题，避免教学越位或不到位现象的出现。如何与教科书编者对话呢？小学语文教材是按照单元专题来编写的，设计有导语、插图、泡泡提示语、资料袋、小练笔、课后习题等，充分利用教材的这些资源，正确理解编者意图，是实现教学价值的保障。如：利用导语确定学习目标，根据文中插图、课后问题等设计课堂教学环节，利用课后的资料袋帮助理解文本，利用泡泡提示语教给学生学习方法……

《蒙娜丽莎之约》所在的单元导语提示这一单元的主题是“感受艺术的魅力”，学习任务是“学习作者展开联想和想象进行表达的方法”。课文前的导读提示语中提出了两项学习任务：“阅读课文，说说你从哪些描写中看出了这幅世界名画的魅力；再把课文中具体描写《蒙娜丽莎》画像的部分找出来，对照插图读几遍。”第一项任务对应的是情感目标“感受艺术的魅力”，第二项任务对应的是知识与能力目标“学习作者展开联想和想象进行表达的方法”。综合单元导语和课前提示语，本课“教什么”就显而易见了，教学目标可以设置为以下两个：（1）有感情地朗读课文，抓住重点词句感受世界名画《蒙娜丽莎》的魅力，受到美的熏陶。（2）图文对照，学习作者把看到的和想象到的自然地融合在一起的写作方法。第一个目标直指课文内容，是本课教学的重点；第二个目标指向文章的表达方法，是本课教学的难点。

这篇课文中有两幅插图，一幅是《蒙娜丽莎》，一幅是达·芬奇的另一名画《最后的晚餐》。编者安排这两幅插图的目的很明确，欣赏《蒙娜丽莎》这幅图，旨在对照课文感受画作的魅力，学习作者表达的方法；借助《最后的晚餐》生发开去，展开想象和联想欣赏名画，激发学生对绘画艺术的兴趣，同时培养学生收集与处理信息的能力。这两幅图是很好的教学资源，如果能利用得好，教学将会事半功倍。

3. 具体分析学情

“要想引领学生到我们想让他去的地方，必须首先知道学生现在到底在哪里。”这句话形象地说明了学情作为学生在某一个单位时间内或某一项学习活动中的学习状态，是教学中最基本、最重要的教学依据。要想最大限度地实现教学价值，就必须立足生本，尊重学生的起点，找准学习的难点、障碍点、提升点及最近发展区，针对学情确定学习内容，这样才能真正走向“以学为中心”的课堂教学。

六年级的学生已具备一定的阅读能力，能把握文章主要内容，体会文章表达的思想感情，而且能较快地从文本中提取必要的信息。因此，读懂文章内容，找寻体现名画魅力的语句并不难。小学高段阅读训练的重、难点是领悟文章的表达方法。对本课正面描写和侧面描写相结合的写作方法，教师顺势点拨即可。“展开想象描写”的表达方法在本单元前两篇课文中已初步学习，学生对此有一定认识，找寻相关语句并谈一谈自己的感受虽有难度，但通过努力一定能够解决。因此，在教学中有必要找到让学生“跳一跳方能摘到果子”的发展区，结合本单元的习作要点，课堂上可以增添语文实践训练——欣赏名画，运用展开联想和想象的表达方法写片段。

二、怎么教

“教什么”很重要，“怎么教”同样不容忽视。要想在有限的40分钟内采用有效的教学策略获得最大的教学价值，教师必须思考“怎么教”这个问题。需要注意的是“怎么教”不能过多地以教师作为教学主体来考虑，重点要考虑的是如何引导学生自主、合作、探究，为学生搭建学习与提升的平台，让课堂成为“学堂”。

1. 优化环节

教学是一门科学，更是一门艺术。如何将更多的时间交给学生，教师首先要做的是删繁就简，优化教学环节。

（1）优化课堂提问。好的课堂提问，能激励学生积极参与教学活动，启迪学生思维，发展学生心智，促进学生认知结构进一步深化，还能促使教师了解学生，因材施教，有的放矢地进行教学。教师要重视对问题的精心设计和组织，减少提问数量，优化提问技巧，从而提高课堂教学效率。课堂上，问题可以来自学生的质疑，可以来自单元导语、课前提示语和课后习题等。《蒙娜丽莎之约》一课是略读课文，值得关注的是课前提示语与单元导语，课堂上可以引导学生阅读这两部分内容，提炼本节课要解决的问题：①你从哪些描写中看出了这幅世界名画的魅力？②找出具体描写画像的部分，对照插图多读几遍。作者在何处展开了想象，这些想象带给你怎样的感受？这两个问题紧扣教学目标，具有探究价值，起到了统领整节课学习的作用。

（2）优化教学信息。随着现代化教学手段的发展和普及，获取并使用大量信息已不是难事。面对繁杂的信息，教师要依据教学目标有所取舍。互联网上关于《蒙娜丽莎》的信息有很多，教师要有选择地在教学中加以使用。如，课堂伊始，我利用收集的资料渲染《蒙娜丽莎》这幅世界名画的珍贵：“同学们，有这么一幅画，美法两国政府多次交涉后，它才暂时离开法国的卢浮宫来到美国纽约，在那里，美国政府动用了四万名联邦特警、地方警察和保安人员对它进行保护。这幅画就是达·芬奇的《蒙娜丽莎》，今天我们就一起走近它，欣赏它。”如此导入，极大地激发了学生的阅读与探究兴趣。再如，引导学生聚焦蒙娜丽莎的微笑时，我及时补充相关文字信息："500年来，人们一直对《蒙娜丽莎》神秘的微笑莫衷一是。不同的观者或在不同的时间去看，感受似乎都不同。荷兰一所大学应用情感识别软件分析出来，蒙娜丽莎的微笑包含了83%的高兴、9%的厌恶、6%的恐惧和2%的愤怒。"这些文字材料的补充，对学生领悟想象的妙处起到了很好的推动作用。

（3）优化语文实践。语文是一门学习语言文字运用的综合性、实践性课程。学习语言文字运用，最好的形式就是语文实践。《蒙娜丽莎之约》这篇课文中语文实践点很多，比如侧面描写和正面描写相结合、人物肖像描写、展开想象描写事物等。如何取舍？当然要围绕单元训练重点进行。课文学习告一段落后，在音乐的渲染中我为学生呈现了三幅精心挑选的世界名画——《肯特海滩》《盲女》《八骏图》。呈现这三幅图的目的，一是进一步激发学生对艺术的热爱之情，二是鼓励学生挑选一幅尝试运用联想和想象进行片段练习，以达到学以致用的目的。课后我布置了这样的学习任务：收集关于《最后的晚餐》相关资料，认真观察画作，展开想象和联想把画面的内容讲给别人听。这样的安排不仅使语文实践贯串于课堂，而且将课内与课外连接在一起，扩大了语文学习的外延。

2. 敢于放手

学生是学习和发展的主体。如何体现学生的主体性？如何才能使学生真正自主、合作、探究地学习？最重要的一点是教师要转变观念，认清自己的角色定位，敢于放手，将学习的权利真正地还给学生。执教《蒙娜丽莎之约》，一上课我便放手让学生从课前导语和单元导语中寻找并确定学习任务；然后放手让学生围绕任务自主学习、汇报交流，必要时引导学生进行小组合作探究；进行语文实践写片段时，我放手让学生大胆展开想象写作，对学生的想象给予赞赏与鼓励。在教学中，我时时处处做"站在学生身后的那个人"，在学生需要时偶尔组织一把，引导一下，参与一回，鼓励学生自己解决问题，主动获得知识，和学生一起经历学习的过程。这样的课堂没有"教师秀"，可能不精彩、不好看，但能真正地能提高学生的学习力，提升学生的语文素养。

3. 善于引导

（1）心中有目标。一节课中，教学活动应以教学目标为导向，且始终围绕实现目标而进行。教师在进行“导学”时同样也要紧紧围绕目标开展，保证最大限度地实现教学价值。《蒙娜丽莎之约》所处的单元训练重点是学习作者展开联想和想象进行表达的方法。在它之前的两篇课文是《伯牙绝弦》和《月光曲》。《伯牙绝弦》一文，钟子期在听俞伯牙弹琴时正是展开联想，才会有如此感受——“峨峨兮若泰山”“洋洋兮若江河”，成为俞伯牙的知音。《月光曲》一文，对于《月光曲》的内容、意境及表达的情感，作者以生动的文字借皮鞋匠的联想表达出来。在教学时，我努力做到单元学习系统化，引导学生关注并诵读三篇课文的相关片段，强化学生对联想和想象这类表达方法的感知与领悟，落实了单元训练重点，有效地达成了教学目标。

(2) 眼中有学生。“一切为了学生，为了学生一切，为了一切学生。”教育的终极目标是为了学生的发展，这就要求教师要时时处处“眼中有学生”。课堂上，教师要引导学生在教学过程中自主交流和展示，关注学生学习的动向，倾听他们的发言，或鼓励，或指正，或赞赏，或点拨，或小结……“眼中有学生”的课堂，关注的是学生学习的过程，而不是一味追求所谓的结果；关注的是学生是否发展和提高了认识，而非一顺到底、畅通无阻；关注的是学生人人发展，而不是将课堂变成优秀生展示的舞台。学生在课堂上实现自我发展，就是教学价值的最好体现。

(3) 手中有方法。教无定法，贵在得法。实现教学价值最大化，教师要有恰当的教学方法，要能引导学生运用合适的方法进行学习。执教《蒙娜丽莎之约》，我引导学生运用提炼与归纳法确定学习任务；围绕学习任务，我放手让学生自主学习、小组合作讨论；探究想象的妙处，我组织学生进行句子对比、阅读资料、单元片段诵读；课堂结尾，我让学生运用练习法实现迁移运用。教师手中有方法，课堂才能盘活，学生才能学有所获。

“教学价值”与“学生发展”是两个不可分割的概念。作为教师，我们必须树立为学生的发展而教的教学价值观，为学生的发展而确定教学内容，为学生的发展而确定教学策略，让“教”为“学”服务，使学生学得有法，学得有效，在课堂上成为发展中的人。

以深度教学促学生思维发展

驻马店实验小学　郝秀丽

我国基础教育改革的实践不断走向深化，并越来越清楚地表明无论是素质教育的全面推进这一总任务，还是近年十分重视的课程改革这一具体任务的真正落实，都涉及学校活动的最基本领域——课堂教学及班级生活。我们可以感受到在学科教学领域中，部分一线教师对教育价值的选择还停留在传递知识上，虽有些教师关注到学生的技能、技巧，甚至思维和能力的发展，大多只是为了点缀课堂。在课堂教学中，教师对于教学的重点、难点，不厌其烦地浓墨重彩，讲清楚、讲明白，数学课上的思维活动变成了回答、印证、记忆标准答案，或者操作练习都是为了使学生能够牢固掌握基础知识，考试时不出差错。总之，被教师抽象谈论着的教学价值观与他们实践中奉行的价值观并不一致，相差甚远。如何赋予数学知识以真实的意义和教育价值？数学教育应给孩子的明天留下什么？下面“以深度教学促学生思维发展”为例，谈谈自己的实践和思考。

一、什么是深度教学

深度教学起源于郭元祥教授自 2007 年以来开展的教学改革实验研究项目，主要针对课堂教学中普遍存在的对知识的表层学习、表面学习的局限性，主张通过知识的深度处理，引导学生深度学习。所谓深度教学，是指教师借助一定的活动情境带领学生超越表层的知识符号学习，进入知识内在的逻辑形式和意义领域，挖掘知识内涵的丰富价值，完整地实现知识教学对学生的发展价值，深度教学不追求教学内容的深度和维度，不是指教学内容越深越好。它基于把握知识的内在结构，彰显课程教学的情感熏陶、思想交流、价值引导功能，对真正提高教育质量，实现学生的全面发展具有重要意义。

二、实现深度教学的方法

1. 教材把握要透

读懂教材的三个层次：

(1) 理解把握教材的编写意图。人教版一年级下册第一单元“拼一拼”中正式引入了七巧板，并让学生先“用一套七巧板拼三角形”，再比一比“看谁拼得多”。教材通过三个问题（知道了什么？怎样拼呢？谁拼得多？）让学生经历解决问题的完整过程，有目的、有计划地培养学生理解问题、分析问题、解决问题及反思的能力，使学生逐步获得解决问题的一般方法。教材这样编排，既渗透了数学文化，又给学生认识平面图形提供了丰富的素材，使学生借此进一步感知平面图形的特征及它们之间的关系，发展学生的空间概念、操作能力，培养创新意识。

(2) 钻研挖掘教学内容的教育价值。以七巧板为例，结合教材第四页的“你知道吗？”我们进行了有关资料的研读，我们一年级数学教师共读了《古典数学游戏——七巧板》，了解到了以下知识：一是七巧板的前身（燕几、蝶翅几），二是七巧板的制作，三是七巧板的变体（德国多巧板、立体六巧板、现代智力七巧板）。这些知识大大补充丰富了我们的备课内容，成为我们创设生动活泼数学课堂的资源。

(3) 再创造。新课程改革之前，教师是“唯教材”“唯教参”，课程改革带给一线教师一个巨大的变化——成为开发者和创造者，教师必须创造性地“用教材”，而不是“教教材”，学生也不再是教材内容的被动接受者，而成为学习的主人。成功的教学，常常需要从学生的实际出发，大胆对教材内容编排顺序和呈现方式进行适当的取舍或调整、整合、优化，甚至重构。如，学习了用七巧板拼一拼之后，我们基于编者意图，根据学生的认知规律和年龄特点，把“现代智力七巧板”引进课堂，由于现代智力七巧板是由圆、半圆、三角形、梯形、角不规则的 7 块组成，能拼出大千世界更多事物和造型，充分发挥学生的想象力和动手能力，在“玩转七巧板”这节课中，进一步丰富了学生感知平面图形的特征及这些图形之间的关系，发展了学生的空间观念、操作能力，培养了学生的创新意识。

2. 对学生的研究要准

《义务教育数学课程标准（2011年版）》指出，义务教育阶段数学课程的设计，要符合学生的认知规律和心理特征，有利于激发学生的学习兴趣；要在呈现作为知识与技能的学习结果的同时，重视学生已有的经验，使学生体验从实际背景中抽象出数学问题、构建数学模型、寻求结果、解决问题的过程。这些观点告诉我们，读懂学生是顺利推进新课程、保证新课程能顺利实施的一个重要前提。

（1）读懂学生的特点。第一，要读懂学生的心理特点，如果我们能够了解学生的心理特征，对我们的教学和对学生的学习都是非常有利的。如，低年级学生的心理和生理发展到了哪个水平，你的班里大体有几种水平，男孩子和女孩子有什么区别，这是需要研究的。有一些现成的研究成果可以学习。2016年秋期，我教授一年级（1）班的数学课并任班主任，在经历一个月的行规训练后，坐不住的学生约占总人数的一半，我百思不得其解，生活水平在提高，并且学生入学年龄要求严格，可是为什么那么多的学生注意力不专注、上课跑神、习惯差呢？尤其是男孩居多，于是我查阅了很多资料，了解到在整个小学阶段，男孩的生理发展和心理发展总体仍落后于女孩。男孩成长的危机绝非仅仅是生理发育迟缓所致，从生物学角度来说，男孩一天至少需要4次较为充足的活动。当一个男孩体内的每一根神经都催促他去跑去跳时，他却必须坐得端端正正，听上几个小时的课。这种端坐听讲的模式对于刚入学的一年级的学生来说要求有点高，但女孩的优势在于，她们往往比男孩更能忍受。有了以上的认识，对于课堂教学中，男孩坐不住，爱动、跑神，课间顽皮、打闹，我有了一分理解，并耐心去处理男孩子违反纪律的事情，在批评教育他们时总是千方百计地去寻找他们错误背后的正面动机，慢慢等待他们的进步和成长。第二，读懂学生的认知规律和水平。一年级下册有关平面图形的知识内容，教学目标中有一条：使学生直观认识长方形、正方形、平行四边形、三角形和圆形，能够辨认和区分这些图形，感受它们的特征。在教学中，有些教过高年级的老师不由自主地提高了要求，加大了难度，要求学生用准确的数学语言描述图形的特征，学生学得费力，自己教得辛苦。为了说服他们，我把阅读过的“个体在平面几何概念发展上的七个阶段”推荐给他们，通过学习了解到一年级学生刚刚接触几何图形知识，其认识水平基本上处于第四阶段——只能辨认出某一个平面图形的本质特征，还不能赋予这个特征以相应的语言符号。这件事告诉我们，不能一厢情愿地去教学，一定要尊重学生的认知规律和水平，否则就会事与愿违。

(2) 读懂学生的基础。如今学生的学习渠道拓宽了，他们在学习新知前所具备的基础知识，远远超出教师的想象，许多课本上尚未涉及的知识，学生已经有所了解。如果教师按事先所设定的内容教学，起点不一定是真实起点。因此，针对“提前学”的现象，有条件的要对学生进行课前测以掌握学情；也可以向有经验的老师学习、了解；也可以写教后记，把教学时学生学习的情况记录下来，以便下次执教这一内容时，丰富自己对学情的掌握。这是我们有效实施课堂教学过程中应该重视的一个问题。教师要根据学生的已有基础和经验把握教学的有效起点。

（3）读懂学生的障碍。教过“乘法分配律”这一内容的老师都很清楚，学生不太容易掌握这部分内容，尤其是面对乘法分配律的变式题型：38×99、$23\times26+23\times74+23$ 时，学生会显得束手无策，是什么原因造成这一现象的呢？有专家指出：乘法分配律要把重点放在引导学生发现规律、理解含义上。反思我们的教学，只注重了乘法分配律外形结构特点的教学，缺少了对乘法分配律内涵本质的把握。于是我们针对学生的错误作业展开了分析与讨论，在交流、碰撞中，大家一致认为：既要充分利用好教材的情境，又要引导学生理解等号两边算式的意义（即乘法分配律的本质内涵：形式变了，但意义没变），从而使学生从“变与不变”中发现并理解规律。教学中，当学生列式计算得出 $37\times5+63\times5=(37+63)\times5$，教师不要急于引导学生用不完全归纳法发现并概括乘法分配律，而是进一步提问：如果不计算，你能用乘法的意义说说等号的左边和右边为什么相等吗？这一问题的用意是引导学生提取已有的知识经验，从乘法意义的角度思考等号两边算式之间的联系与区别：如，等号的左边 37 个 5 加 63 个 5 合起来是 100 个 5，等号的右边也是 100 个 5，等号两边算式的形式变了，但是意义不变，所以结果是相等的。在对一组等式的观察、思考、交流中，学生不仅发现了乘法分配律的“外貌”，而且真正把握了乘法分配律的“内质”。从对学生的课后测来看，因为注重了对乘法分配律本质内涵的挖掘，学生对乘法分配律理解得更深刻了。

实践证明，只有对学生在学习中暴露出的问题进行深刻的反思，将自己置于学生的位置上，多问几个“为什么”“是什么”“怎么办”，我们才能依托教材设计出贴近学生的教学，正如郑毓信教授所言：只有真正做到了教学内容的深刻理解，我们才能做好深度教学，我们的学生也才可能做到深度学习，即能够通过数学学习很好地促进思维的发展。

3. 问题引领要巧

美国心理学家布鲁纳曾经提出：“教学过程是一个提出问题与解决问题的持续不断的活动。”郑毓信教授曾指出：问题引领是教师做到深度教学最重要的方法或途径。这里的“问题引领”是指教师在教学中设计开放性的、探索性的、挑战性的问题或者学习任务，驱动学生积极思考，探究激活他的思维状态，层层深入，由表及里，引导课堂学习的走向和思维活动的深入。

（1）设计启发性的问题。课堂教学过程中会遇到这样一些时刻：学生已经获得了一定的阶段性成果，如他们面临的问题已经获得了解决，或者是对一个新的概念已经有了一定的了解，或者是已经掌握了某种具体的计算方法等，这时我们要通过巧妙的问题设计引导学生更深入地去思考，从而不断取得新的进步，最终养成自我提问与自我促进的良好习惯。

如：$\frac{1}{4}>\frac{(\quad)}{(\quad)}>\frac{1}{5}$

集体交流时，出现了我所预设的三种答案。我引导学生找出最优策略——即通分的方法。

$\frac{1}{4}>\frac{(2)}{(9)}>\frac{1}{5}$

根据以上板书，有学生提出了自己的猜想：用分子加分子、分母加分母的方法可以找到这个分数。预感到该学生的猜想是极具价值的，我借题发挥，让学生经历了“猜想—验证—总结—推广”的探究性学习历程。

问题一：利用该学生的猜想，先猜一猜 $\frac{1}{2}>\frac{(\ \ )}{(\ \ )}>\frac{1}{3}$，然后实际算一算，看看这个猜想是否正确？

问题二：自己举一个例子，四人小组交流这样填的理由，把发现的规律在组内交流。

问题三：谁能用更简洁的语言来表述这一发现？

问题四：能否用一种更简洁、更明了的表示方法来总结这一规律？

问题五：如果是两个任意不同的分数，这一发现是否成立呢？

（该案例发表在 2017 年第 12 期《小学教学》数学版）

(2) 设计深入浅出的"问题链"。问题链的设计要找准知识的支撑点，课堂教学不仅要注重基础知识和基本技能的传授，更应该关注学生的学习能力，因此，问题链的设计要注意适度性，既要考虑难度、有效度和思考度，使不同层次的学生在自己的最近发展区都能学到数学知识，跳一跳，摘到桃子，并能带着高涨的、激动的、愉悦的心情投入学习，对激发学生的思维、提升学生的学习兴趣、巩固并掌握所学的数学知识更加有效，使数学的学习更加有效。

例如，在学习分数除以整数这一内容时，我以四个问题作为导向，确定了猜想、验证、应用、提炼这样四个教学环节。

例题：把一张纸的 $\frac{4}{5}$ 平均分成 2 份，每份是这张纸的几分之几？

问题一：分数除以整数的计算方法，我们还没有学习，请你大胆猜一猜计算方法，这道题你认为可能怎么算？

问题二：你能用已经学过的知识和手中的材料，来证明这些方法的合理性吗？（课前学生已准备学具，彩笔和一张长 15 厘米、宽 12 厘米的长方形纸）

问题三：请选择喜欢的方法计算 $\frac{4}{5}\div 3$，你又有什么新的发现？

问题四：你认为分数除以整数的一般方法是什么？

"问题是数学的心脏。"这是数学家哈尔莫斯的一句名言。数学之所以能成为锻炼思维的体操，是因为数学发展始终都在不断地提出问题和解决问题。在教学中，我经常抓住矛盾点提问，抓住疑难点提问，抓住发散点提问，抓住模糊点提问，抓住生长点提问。可以说，问题决定了课堂思维生活的品质。（该案例发表在《河南教育》（基教版）2017 年 7、8 月合订本）

郑毓信教授曾主张：数学教育的主要功能应是帮助学生学会思维，特别是能逐步学会想得更清晰、更深入、更合理、更全面，并能由“理性思维”逐步走向“理性精神”。这对数学教学提出了更高的要求：我们应当做到深度教学。深度教学是培养学生数学核心素养的必由之路，也是破解当前教学表面化、学习浅层化的迫切需要。我们需要深刻领会深度教学的意义与价值，以此不断促进学生深度学习，进而培养学生的数学核心素养。

第四章

幼儿园篇

幼儿在“漫教育”体验中成长为最好的自己

郑州市第二实验幼儿园 石 吟

我经常问自己：学前教育应该是什么样？每次在脑海中总会跳出几个词——专业、好玩、常态、长远。不知为何，这四个词跳出的频次最高，这四个词融合在一起要表达的是：专业的学前教育应该具有不可替代性，是一群专业人士一起创办一所孩子喜欢、好玩有趣的幼儿园，这里的老师爱生活、爱孩子，在这里老师和孩子共同成长，家长和我们共生。

一、学前教育秉承的教育信条

一个人的教学主张一定跟他的经历、经验、思考、感悟有着密切的关系，在学前教育的22年中，我也是不断在调整、修正自己的观点，逐步形成自己的教育主张。由于孩子的年龄特点，学前教育具有启蒙性和长远性两个特质：“启蒙性”即指启发唤起，又指方法童趣；“长远性”即说明不仅要保质，而且要长久。这既给学前教育对一个人未来发展方向给予定义，又对学前教育赋予了重大责任。我所认为学前教育要秉承五条教育信条：

1. 每个孩子都是最好的自己，天生的独一无二让我们有理由信任他

每个孩子从出生的那一刻起，他就是他自己，有属于自己的名字、有自己不同的表达需求方式，对儿童“独一无二”观点的认同是我们真正尊重孩子的基础。有了对孩子的尊重，才会让我们接纳孩子，同时才能减少攀比和无效的横向评价。

2. 学龄前期，父母陪伴是最好的教育，家庭教育起主导地位

0—6岁的孩子是形成习惯和形成自己个性的关键期，家庭教育的作用大于学校教育，我们常说：这个孩子的举手投足和说话办事间有他（她）爸爸或妈妈的影子。这种天生的模仿和不经意间的流露都验证了“父母是孩子第一任老师”。那么，这个阶段父母高效的陪伴对孩子来说是至关重要的，因为越小的孩子由于社会性发展的限制，所接触到的人是有限的，此时可以说“父母是他的全部”。这一点的认知让我们意识到：幼儿园要花一些精力来做好家庭教育，引领家长的发展才会更有效地促进儿童的全面发展。

3. 儿童对新知识的学习是建立在经验的基础上，帮助儿童不断地建构属于自己的经验是我们学前教育工作者永恒的追求

剖析孩子认知的过程，不难看出孩子对问题的回答和反馈都是依据自己原有经验进行的，或是语言，或是动作，孩子瞬时间提取所有信息的来源就是自身的经验。那么，在幼儿园一日活动中、在幼儿园教育活动中、在幼儿游戏活动中均是在帮助孩子建立、生成、形成经验的过程。儿童期的经验建构一定是通过动手操作和观察模仿得来的，而绝不是说教教来的。故此，当我们认识到这一点时，我们就会运用孩子能理解的、能接受的体验式教育方式，这一点也是我后面要着重讲到的“教学内核”。

4. 给孩子带得走的能力比给孩子背不动的书包更有价值

儿童期，由于其认知水平和理解能力所限，没有必要让孩子对外显式的知识做刻意的追求，这一点毫无意义。相反孩子拥有了能力，能支持他去学习、吸纳更多的知识，明确这点能让我们在家长引领方向上做到不偏离和不随波逐流。孩子在学龄期形成的倾听能力、专注能力、推理能力、判断能力等都是支持孩子进入学习阶段最好的“能带得走的能力”。

5. 游戏和活动是孩子最喜欢的，但孩子不是游戏和活动的附属品

玩是孩子的天性，游戏和活动是孩子最喜欢的，但在组织游戏时一定要是“真游戏”，而不是只要结果的“假游戏”。要注意活动设计的初衷，是为了活动效果，还是为了孩子的发展。在幼儿园组织活动时，不要被其外表的光鲜热闹蒙蔽双眼，必须时刻关注孩子的需求并把孩子在活动中是不是获得发展作为评价的最终标准，不可使孩子成为游戏和活动的附属品和牺牲品。

二、漫教育

所谓“漫教育”是指在宽松愉悦的氛围下，安静地、平和地陪伴孩子成长，这是成人用特有的内在秩序在推动儿童心智的发展。这里“漫教育”有三层含义。

1. 弥漫

教育应该是一种爱的弥漫。德国齐默尔博士认为，惊人的活动量和运动欲、永不停歇的发现欲和持续的尝试是这个阶段儿童的标志。儿童通过运动和尝试等动作去发现自己和世界，他们需要在每天的生活环境中获得大量的运动机会，去满足运动的基本需要。用理解、理性的爱去看待儿童的需要和行为，创设一种弥漫着爱的氛围，才是教育应有的一种氛围。

2. 浪漫

教育应该为一种“小清新”的状态。在陶行知的生活教育理论中，将生活和教育联系起来，从而使其内涵发生了变化。生活教育是“给生活以教育，用生活来教育，为生活向前向上的需要而教育”。在陶行知的生活教育理论中，“生活”已经不是普通的日常生活，而是具有无限教育内涵的概念。“浪漫”是教育与生活密切结合而呈现出的一种状态。

3. 慢节奏

这里的“漫”指的是读音相同的“慢”。教育应该有一种“顺应规律”的节奏。美国著名心理学家费尔德曼认为儿童发展的过程遵循自己的发展道路，儿童个体因其智力特点、智力结构和生活教育环境的不同，有着各自不同的发展速度和发展特点，进而经历不同的发展道路。缓慢并非停滞不前，而是顺应人的生长与发展的自然规律。

三、漫教育的实践

教育必须是尊重个体性的，即每个生命都是独特的。基于这点思考，确立了我们幼儿园的教育理念：一个儿童　无限可能。该理念是指导教育的初衷和基石，充分表达了我们对儿童的尊重。我们幼儿园的课程理念：本真童年，“玩”转未来。玩是孩子的天性，如何陪孩子玩？玩什么？怎么玩？这是我们永远要探究的话题，仅“玩”这一个话题就足以让我们用一生去探寻。我们坚决反对急功近利，教育既然是一个灵魂唤起的过程，我们就必须做到两点：一是尊重孩子的成长规律，不可逆势，即小步走路；二是不催促孩子的成长，静待花开，但绝不是“守株待兔”，这就是我们倡导的教学精神。“漫教育”中的这种慢是一种有节奏的慢，而不是停止。在这个喧嚣的世界让“心”安静下来很重要，因为只有平和的情绪、稳定的状态才能培养出“贵族气质的孩子”，这种贵族气质不是霸气、豪气，而是内敛谦虚的“贵气”！我们都认同这样一种理念：播种一种行为，你会收获一种习惯；播种一种习惯，你会收获一种性格；播种一种性格，你会收获一种命运！我们都希望孩子一生好运，这份好运就源于孩子有一个好性格，悦己悦人的“悦宝贝”就是我们的培养目标。

1.“趣”课程

在“漫教育”体系下，我们架构了“趣”课程。“趣”课程是以情绪为主线，遵循“幼儿园一日生活皆课程”的原则，涵盖五大领域教育活动和培养目标，运用三种组织形式：即集体活动、走班活动和混龄活动来实现幼儿学习品质的塑造和提升。

“趣”课程由共性课程和个性课程两部分组成，如下图所示。

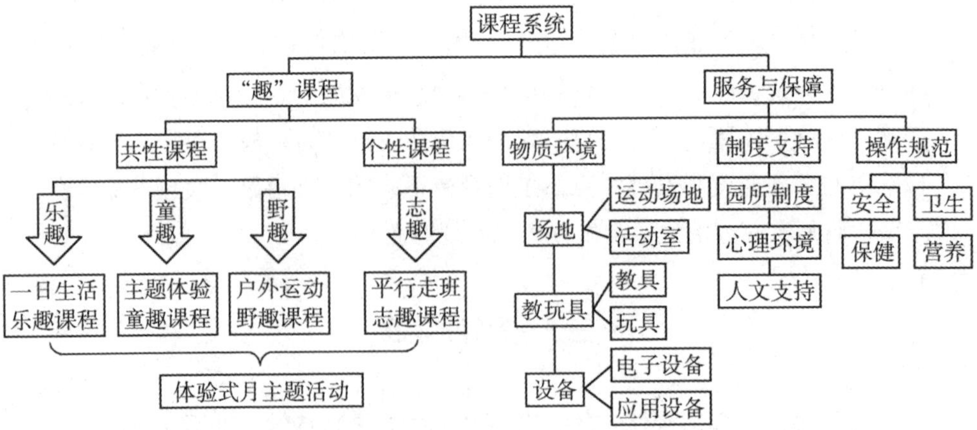

图1 “漫教育”课程系统

在课程建构中为了保证课程的实施，还特别设置了与之对应的服务与保障项目，为课程建设提供有效后勤保障和项目支持。

“漫教育”理念下的幼儿园教学，并不是传统概念中单纯的教师进行知识讲解与传授的过程，而是强调要让幼儿园教学成为滋养儿童成长的肥沃土壤。为达成“漫教育”理念教学，一方面，我们需要建立幼儿园课程的新视角，从原来的“学科知识中心”转向“以儿童为中心”；另一方面，我们需要倡导幼儿园教学的新立场，需要努力将幼儿园教学的立场从原来的“成人立场”转向“儿童立场”。

2. 实例：小球落水记

一群孩子在水池边嬉戏，正兴奋于水花的四溅，突然，一个孩子手中的小皮球不小心落水了。“皮球落水啦，皮球落水啦……”，一时间，孩子们慌乱起来，几个孩子用手中的“武器”来帮助“捞皮球”，可皮球恰恰由于孩子们对水面的用力拍打而离他们越来越远，孩子们着急喊着，同时几个孩子尝试了不同的方法。

方法一：他们尝试合作，一个人拉着另一个人的手臂，吃力地将胳膊伸长，用身体延长的办法，希望能够到皮球。

方法二：有孩子发现水面的波动会促使小球运动，所以他们卖力地使用手中的工具和水面交互，从而产生更大的水波，试图通过这样的方式促使小球回到岸边。

方法三：在水池旁边有两个“手动的风车”，有孩子发现转动风车会使小球上下随水波晃动，于是就用尽全身的力气摇转风车，使其推动小球向自己的方向漂过来。

孩子们按自己的理解、经验和判断支配着自己的行动，还不时呼喊自己的同伴按自己的方式去做，我在一旁欣赏着孩子们不亦乐乎的样子：儿童自主学习的自发过程。不知是不是综合作用力的效果，小球靠岸啦！一个孩子兴奋地拿到了小球，我为孩子的成功而高兴。可孩子瞬间的一个举动，让我惊讶：这个孩子顺势又将小球扔到水里，而且是更远的地方……

瞬间我仰视我的孩子们，似乎一下子明白了向儿童学习的意义。成人惯性的思维会以是否成功来评判事件的结果，而孩子不同，他们更乐享征服世界的过程。从最初的小球不慎落水到故意将小球扔得更远，足足20多分钟的时间，孩子们乐此不疲地重复着游戏，我静静地看着这帮小家伙一次次将小球捞起，又一次次将它抛向更远的地方，孩子们的欢笑声划破长空，他们乐享着属于自己的那份快乐，我想：这着实是我们成人所不能比的。

四、“漫教育”的教学价值

“漫教育”理念下的幼儿园教学关注的是儿童内在的体验与感受。卢梭在《爱弥儿》中这样说道：在万物的秩序中，人类有他的地位；在人类的秩序中，童年有它的地位；应当把成人看作成人，把孩子看作孩子。“漫教育”理念下的幼儿园教学更加提倡让儿童用自己的眼睛去观察，用自己的心灵去体验，用自己的方式去研究。活动是儿童重要的学习方式，是促进儿童自我实现的手段，是以儿童的内在天性为中心来组织进行的。这就需要我们尊重儿童自身的成长与发展规律，给予儿童更多的理解、支持与关爱。

“漫教育”理念下的幼儿园教学注重的是教师的支持与引导。《幼儿园教育指导纲要（试行）》中这样提及教师的作用：教师应成为幼儿学习活动的支持者、合作者、引导者。所以，“漫教育”理念下的幼儿园教学，强调以儿童为中心，但并不意味着要削弱教师的作用与地位，而是更加需要教师充分地释放智慧、激情、潜能和创造性。苏霍姆林斯基说过：“教育——这首先是人学。不了解孩子——不了解他的智力发展，他的思维、兴趣、爱好、才能、禀赋、倾向——就谈不上教育。”在幼儿园的教学中，教师的教并不是单纯地用教材来教，而是需要建立在对儿童的观察、解读、理解的基础上。只有了解了儿童，教师的教才可以有的放矢地通过资源收集、环境创设、材料投放与师幼互动等过程来实施。这种教，无论是目标定位还是方法策略，都是通过环境、材料等资源间接地与儿童发生关系并产生作用。

基于幼儿园教育的学段特点，我认为幼儿园阶段的教学价值应倾向于教师与幼儿的关系。

1. 尊重

根据研究结论，结合幼儿园的学段特点，我们将尊重具象为：

记住每一个孩子的名字

不以居高临下的口吻对幼儿说话

不让孩子在同伴面前尴尬

表现出对孩子新发现的兴趣

2. 欣赏

基于儿童期孩子以直接感知为主要学习途径，教师的一个眼神就是今天开心与否的全部，眼神中饱含的鼓励、信任、接纳，都是满满的正能量，那么，结合幼儿园的学段特点，我们将欣赏具象为：

随时表扬孩子的点滴进步

不当众揭穿孩子的“小秘密”“小心思”

集体环境中不说攀比和否定性言语

多多使用仰视、点头的动作回应孩子

努力理解孩子行为背后的积极因素

3. 陪伴

儿童期陪伴的意义众所周知，在儿童期缺乏陪伴的孩子在长大后呈现的诸多问题很难得到解决，所以大家对“陪伴孩子一起成长”这一理念都是赞同并执行的，我们也对“陪伴”进行了行为的具体描述和诠释：

陪伴是关注儿童情绪下的全身心的投入

认同孩子的情绪宣泄

提升陪伴的有效性，增强指引效力

我们所谈到的教学价值，既不是知识体系本身的连贯，也不是某项能力的提升，而是要把更上位的意识形态表达清楚，具体的过程行为固然重要，而且越优化越好，本身就需要我们不断研究实践，但在幼儿园这样一个为儿童发展打基础的阶段，它的价值更应立足于为未来提供一切可能性的定位上。所以，在“漫教育”理念下的“趣”课程在落地的过程中，我们更强调老师心态影响孩子对整个世界体验的部分，这种长远的意义和价值就是幼儿教育留在孩子生命中并支持孩子饱满向上成长的基石。

五、教学内核：体验式教育

在前面的理论认同中谈到过：儿童对新知识的学习是建立在经验的基础上，而儿童期的经验建构是通过动手操作和观察模仿得来的，动手操作和观察模仿的过程就是“体验”。“体验”作为孩子探寻新事物所特有的、与生俱来的一种方式，在具体的课程组织实施过程中，就必须结合儿童不同年龄的特点进行，我们又称“幼儿体验三段式”：

3—4 岁（小班）是孩子的生活体验积累期，也就是我们常说的见多识广期。这个阶段的孩子对生活中的一切事物感兴趣，我们要借助孩子的这个特点，有意为孩子创设“可能性”，让孩子多看、多接触，重点增加他（她）的“广度”。

4—5 岁（中班）是孩子的体验反馈期。小一点儿的孩子受语言水平所限，往往只看不说，但到了 4 岁左右时话匣子打开了，他们喜欢不停地说。这时我们就要借助孩子这一特点，引导孩子把“爱说”变成“有价值地说”，即回顾性复述，因为儿童的记忆是短时记忆占优势，瞬间的感受和经验一会儿就忘掉了，借助表达使记忆“锁水”，即“强化”，这是一个不断反复、提升能力的过程。

5—6 岁（大班）是孩子的体验创造期。这个阶段的孩子进入了儿童思维、动作最活跃的时期，有各种各样的奇思妙想，甚至是无稽之谈，但这就是孩子“创造的起步期”。这个时候你会发现孩子变得特别独立，什么事都乐意“我来”，并不去想自己有没有这个能力，这也是我们常说的“初生牛犊不怕虎”，孩子 6 年的经验积累在这个时期充分爆发。所以，大班组织活动时，要求活动的设计应是多角度的，这也对教师面对孩子时的灵活机敏和幽默风趣提出更高的要求。当然，“幼儿体验三段式”不是割裂、平行存在的，在课程设计和实施中，往往是交叉进行或同时出现的，只是相对年龄段有所侧重，但对核心的“体验式教育”，我们每一位教师都要纵向理解、灵活实施。

我们认为，人的发展是量变与质变的同频变化。对于孩子来说，我们既要关注促进孩子身体与认知等外显生长的量变，更要关注其心理与能力等内在成熟的质变。因此，“漫教育”理念下的课程总目标为：在尊重孩子的前提下，遵循孩子的发展规律，为幼儿创设“有趣”的环境、活动和游戏，引导幼儿运用体验式学习方式架构自己的核心经验，支持孩子成为悦玩、悦爱、悦言、悦思、悦创的“悦宝贝”。

“自然教育”促进幼儿和谐发展

郑州市教工幼儿园　王向青

冰心曾说，童年是“真中的梦，梦中的真，是回忆时含泪的微笑”。作为一名幼儿教师，我的职业就是“用爱守护天使”的成长，我们可能不需要精深，但一定需要广阔，日日与孩子们为伴，与教育者为盟，在春种、夏长、秋收、冬藏的岁月里沉浸、汲取、耕耘、收获，在此过程中，我也在认真思考幼儿教育的课堂可以带给幼儿什么。

一、关于教学价值的认识

幼儿期是人发展的起始期和关键期，是人生发展的奠基阶段，判断幼儿教育是否有价值，重要的标准就是这种教育能否满足幼儿的需要，促进幼儿主动地发展。随着国家教育部《3—6 岁幼儿学习与发展指南》《幼儿园工作规程》的颁布实施，我们不仅关注教学本身价值的丰富性，而且在努力建构教学价值观念，使教学成为一种有意义、有价值的活动。

就幼儿教育而言，什么样的教育是有价值的？英国教育家戴维·怀特布雷德提出：儿童是主动的学习者，他们不只是教什么就学什么，而是经历什么才学什么。我认为幼儿的学习，是以生活经验为主的学习、以幼儿需要为主的学习，是让幼儿从身边的人、事、物展开的学习，它来源于幼儿的生活，又服务于幼儿的生活，因为“生活是教育的中心”。“为幼儿的发展而教”的教学才是有价值的。

二、自然教育的价值意义

1. 自然教育提出的背景

法国伟大的启蒙思想家、哲学家、教育家卢梭说过：“大自然希望儿童在成人以前就像儿童的样子。如果我们打乱了这个次序，他们就成了一些早熟的果实，既长不丰满也不甜美，而且很快就会腐烂，我们就会造成一些年轻的博士和老态龙钟的儿童。”春种夏长，秋收冬藏，万物皆有规律，幼儿的发展更是如此。所以教育应归于自然，以自然的教育为基准，才是良好有效的教育。

（1）基于《幼儿园教育指导纲要（试行）》《幼儿园工作规程》《3—6岁儿童学习与发展指南》的精神要求。《3—6岁儿童学习与发展指南》指出：要“理解幼儿的学习方式和特点……最大限度地支持和满足幼儿通过直接感知、实际操作和亲身体验获取经验的需要”。自然教育倡导让儿童回归自然，因为他们应该是“天地自然中的儿童”。为此，我们通过让幼儿与自然相互契合、深度融合而实现相互关联的方式，真正把自然还给儿童，使之成为幼儿生长的自然生境，让幼儿与自然生境同呼吸、共命运，促使儿童在自然生境中成长发展，让自然成为儿童成长的大课堂。

（2）对目前普遍存在的抢跑现象的修正与引领。近年，学前教育受重视程度大幅度上升，国家也出台了各种促进学前教育发展的相关政策法规。但在学前教育中，家长焦虑心态、幼儿教育小学化现象仍普遍存在，严重阻碍了学前教育的健康发展。我认为每一个幼儿都是独立的个体，都有自己特有的发展时间量表和内在的发展规律，不应有成人的灌输、压制和强迫，教师和家长要做的是创造学习的环境、防范不良的影响，自然教育的提出是对抢跑现象的修正与引领。

（3）对幼儿可持续发展的理性思考。幼儿教育是基础教育的组成部分，要提高幼儿教育质量，必须更新幼教观念，使幼儿教育立足于儿童一生的可持续发展，以促进幼儿身心全面和谐发展为核心，为幼儿的近期和终身发展奠定良好的素质基础。自然教育着眼于幼儿未来发展，提倡遵循幼儿发展规律，创设多元的环境、提供适宜的课程，顺其自然，培养适应自然的社会人，让幼儿成长为他应该有的样子，这也是我们永远追求的工作目标和价值取向。

2. 自然教育的核心主张

《淮南子》称“天下之事，不可为也，因其自然而推之”。

自然崇尚老子说，
然诺要从幼时做。
教养遵循规律行，
育人百年天地阔。

自然教育的内涵：遵循幼儿自然发展的规律，支持幼儿自然成长，培养适应自然的社会人。

自然教育秉承两个要义：自然育人（《道德经》载“域中有四大，而人居其一焉。人法地，地法天，天法道，道法自然”，反映了事物的独特性和不可违背性。教育更是如此，我们要用遵循幼儿自然发展规律的方法实施教育）与育自然人（为“培养适应自然的社会人”奠定良好的素质基础）。

自然教育的宗旨：以自然为本，启探索之蒙，创童梦乐园。

自然教育的方式：支持每一片绿叶自由舒展。

三、自然教育的实践探索

1. 创设多元素的自然教育环境，为幼儿自然成长提供保障

“环境”是不会说话的老师，幼儿在与环境的互动中成长和发展。春天，杏花开了、桃花开了、海棠花开了、油菜花开了，孩子们足不出园，就能呼吸到春天的气息；夏天，绿茵葱葱，孩子们可以在鱼塘边尽情地戏水玩耍；秋天，校园变成了果园，孩子们体验着收获的快乐；冬天，赏雪玩雪，孩子们流连忘返，扫雪中，体验着冬天的寒冷。幼儿园每一个角落都能观察自然，成为孩子们喜欢的生态游乐园……

我们要求环境彰显绿化、美化、儿童化和教育化，符合幼儿特点并能根据季节和教育的需要适时更换，丰富的活动材料引导幼儿主动去发现、探究、想象、创造。

例：自然育人——丰收是什么样的体验

纷纷红紫已成尘，布谷声中夏令新。五月，这个似水的季节，悠然地坐在暮春的肩头，温暖的阳光洒进心扉，用心聆听泥土悠悠的歌唱，窥探着乡间原汁原味的秘密。我们班的孩子们此时却是格外的忙碌，晶莹的汗珠挂在额头却丝毫不觉疲倦。

“看！我们丰收长廊下面种的豆子长熟了！”陶家瑞热情地介绍着。采摘前，孩子们仔细观察了果实的形状、颜色、果壳是否有刺、是否有气味。采摘时，大家争相讨论怎样采摘更省力气，是连根拔起还是只摘豆荚，一个个充满问号的小脑袋在亲身体验的过程中一遍遍猜想、验证。不一会儿，孩子们的小筐里已经是满满的收获了，经过商量，大家一起把豆荚送到伙房，经过伙房叔叔阿姨的加工，尝到劳动果实的孩子们脸上洋溢着满足的笑容。

对孩子们来说，本次采摘活动是一次探索、发现的过程，孩子们感受到大自然的神奇魔力，感受到季节的交替，感受到农作物的生长过程，更是足不出园就体验到了“丰收”的喜悦。童年总是有许多美好的回忆，和小伙伴们一起从播种到丰收，从冰雪初融到蜂飞蝶舞，孩子们在多元的环境中通过直接感知、实际操作、亲身体验进行学习。教育不能脱离生活，生活教育与生俱来。大自然才是最好的老师，要让孩子融入大自然，把大自然当作最好的课堂。

2. 践行自然教育园本课程，为幼儿自然成长提供支持

教育学家陶行知说：“全部的课程包括全部的生活，一切课程都是生活，一切生活都是课程。”树立一日生活皆课程的教育观，挖掘、珍惜每个活动的教育价值，注重随机教育，为幼儿自然成长提供支持。

我们在创设多元素的自然环境、注重环境育人的同时，开展自然教育园本课程。每周一的环保日、每周二的安全教育日、每周三的好习惯培养日、每周四的自我服务教育日、每周五的分享日、每周六的爸爸日、每周日的家庭日，7 个成长日的坚持开展为幼儿后继学习和终身发展奠定良好素质基础。

游戏更是渗透幼儿生活的方方面面，这里是孩子实践、体验的乐园，探索、发现的王国，尝试、创新的天地。幼儿按照自己的意愿扮演角色，运用语言、动作、表情、想象等创造性地再现社会生活，为他们适应以后的成人社会、遵守社会规则、理解人与人之间的关系、习得合理的行为方式提供职业体验途径。

我们利用有限的户外空间环境，创设了集植物、动物、水元素、户外基本生活设施等多种资源的一个自然教室——户外创客空间。在这里，以实践为根，以扩展幼儿生活和学习的空间为基，以创新思维习惯培养为叶，以促进幼儿全面发展为果；在这里，一块树皮、一团泥巴、一潭水、一个动物、一个灶台都有非凡的意义；在这里，幼儿能解放手、眼、脑，能主动地学习——他们可以真切感受四季的自然轮替，动植物的生长变化，在亲眼所见、亲手触摸、亲身体验中，激发探究兴趣，引发主动思考，获得“创新意识的培养”；在这里不仅能够顺应幼儿玩的天性，满足幼儿“真玩”的需求，还能激发幼儿对体育运动的兴趣，发展幼儿运动能力，更能使幼儿在尝试“挑战自我”的冒险过程中获得自信，自我控制和保护能力得到提升，创新、交往和合作等非运动能力的意志品质得到锤炼。

我国著名的学前教育专家张雪门说“骑马者应从马背上学”。丰富的社会实践活动使幼儿更多地走进自然，用眼睛探索发现，用脚步丈量土地，用手指感知大自然的奇妙趣味。幼儿在直接感知、实际操作和亲身体验中获取成长经验。

3. 在自然生境中读懂儿童，为幼儿和谐发展保驾护航

伴随着教育价值的追求从知识本位转向能力发展，教师教育评价从单一转向多元，教育行为从限制转向放手，教育思想的落实也从“看”转向“观察”。教师作为教育的实施者，学会在自然生境中读懂儿童，观察与分析幼儿行为的能力无疑是现代幼儿教师必备的核心能力，也是幼儿教师专业化的一个重要标志。

持续开展的幼儿行为观察，不仅能让老师在日常的教育实践活动中做到观察幼儿行为、倾听幼儿对话、询问幼儿困惑、解读幼儿需要、分析幼儿思维过程，保护幼儿的好奇心和探究欲望，促进幼儿的学习与发展，更能有效促进教师角色由主导者到观察者的转变。

例：育自然人——从“红薯的秘密”看幼儿发展

初冬时节，寒意渐浓，薄薄的雾气轻轻地覆盖在还未睡醒的叶子上。每到开饭前，听完保育老师报餐，孩子们都对饭菜食材的兴趣大涨。“红薯小米粥”“烤红薯”，但红薯究竟长什么样？是长在土地里还是长在架子上？这些知识孩子们并不了解。仅凭单纯的图片和说教远远满足不了孩子的好奇心。带着对红薯的好奇，小班孩子们的“探秘红薯之旅”开始啦！

来到小菜园，孩子们被标志牌上的“红薯”二字深深吸引，红薯究竟在哪儿呢？在跟我们捉迷藏吗？分配好工具，老师建议：“顺着红薯的根挖挖看。”在老师和孩子们的共同努力下，埋在土地里的红薯宝宝很快就探出了头，“哇！我挖到红薯啦！”一个小男孩儿激动地喊道。“土里还有一个！快接着挖，”孩子们七嘴八舌地讨论着。

看着地上绿油油的红薯叶，老师灵机一动，“咔吧，咔吧”掰了几下，一条漂亮的红薯叶项链就完成了。“哇！好漂亮！我也想要！”一个小女孩儿眨着灵动的大眼睛，眼底的欣喜溢于言表。于是在老师的带领下，不一会儿，一条条美丽的项链诞生了。

“红薯叶还有什么用呢？”老师继续启发。“可以编花环。”“红薯叶也可以当作小动物的食物，大家猜一猜我们幼儿园的哪个小动物最喜欢吃？”“大白鹅？鸽子？羊？”孩子们热烈地讨论着。“我们去试一试就知道了。”捡起地上的红薯叶，孩子们向目标出发了。大白鹅啄了两下叶子便跑开了，鸽子对放在嘴边的红薯叶毫无反应，只有羊如获至宝，大口大口地咀嚼着美味，“羊吃了，羊喜欢吃红薯叶，”孩子们肯定地回答。

“红薯叶的用处还多着呢，只要我们积极动脑筋，一定有新的方法。”“那我们可以玩泥巴吗？”孩子们满怀期待地询问。“当然可以！”说干就干，铺上桌布，“玩泥巴”活动就此开始。一阵拍拍打打过后，孩子们的兴致慢慢弱了下来。只见老师手里捧着一块宝贝，小心翼翼地呵护着。“老师拿的什么啊？”孩子们又重新燃起兴趣。只见平整光滑的泥土上印着清晰的心形叶子脉络，好似一片完整的叶子标本。“哇！好漂亮！”在孩子们的赞叹声中，一节生动有趣的美术教学活动开始啦！

可有的孩子印出来了，有的孩子没有印出来，这是什么原因呢？一个小女孩儿首先发现奥秘，原来，叶子反面的叶脉是凸起来的，用反面拓印会更清晰。找到了方法，孩子们很快就完成了，看着一幅幅精美的作品，孩子们意犹未尽……

教育虽无痕，却有着惊人的力量；润物虽无声，但能“于无声处听惊雷”。用有形的环境和教育方式支持、引领幼儿发展，微小的种子也会生根、发芽、生长、壮大。

我们把自然教育视为一种教育观念和教育方式，尊重幼儿身心发展规律，用顺应儿童自然天性的方式进行教育；自然教育的教学价值强调儿童本身就是自然性的存在，回归儿童的自然状态，在自然中学习和成长。作为幼儿的启蒙老师，我们需要给孩子提供更多有价值的学习机会，弯下腰聆听，实践中探索，为实现“让每个幼儿都能和谐发展”而努力！

践行生活为本的教育

周口市文昌幼儿园　刘梅

生活教育理论自陶行知提出伊始已历时近百年，其宗旨是“培养合理的人生”。生活是教育的充分和必要条件，教育只有和生活结合才能成为教育，教育要是脱离了生活，便不是教育，生活是教育的灵魂和生命。幼儿园教育是基础教育的重要组成部分，《3—6 岁儿童学习与发展指南》指出“以为幼儿后继学习和终身发展奠定良好素质基础为目标，以促进幼儿体、智、德、美各方面的协调发展为核心……建立对幼儿发展的合理期望，实施科学的保育和教育，让幼儿度过快乐而有意义的童年生活”。结合近年的教学经验，这里我把践行陶行知生活教育理论在幼儿教育方面的心得作以梳理，仅供学习和交流。

一、生活教育的理论基础

我理解的“生活教育”就是将生活作为教育的来源、中介和内容。幼儿每天见到的景象、每日经历的事情，都是幼儿教育的来源、活动的基础，也是将生活融入教育，使幼儿得到全面发展的有效途径。将幼儿每天的现实生活作为开展幼儿教育的主要内容，不仅符合幼儿学习的发展规律和年龄特点，使幼儿得到直接经验，同时对于幼儿的终身发展也是意义非凡。

从裴斯泰洛齐提出“生活具有教育的作用，这是指导我在初等教育方面的一切实验的原则”，到斯宾塞的“教育要为完满生活做准备”、杜威的“教育即生活”、陶行知的“生活即教育”、陈鹤琴的“活教育”，再到虞永平教授提出的田野课程、课程在儿童的生活和行动中，以及现代的教育理念“让教育回归自然，回归生活”，无不体现生活在幼儿教育中的重要性。

我国的生活教育理论主要是以陶行知先生的教育理论为基础，他的教育理论主要包括 “生活即教育”“社会即学校”“教学做合一”三个方面，倡导教育联系实际，反对死读书、读死书，鼓励培养幼儿的创造性和独立性。在陶行知生活教育理论看来，生活就是教育，就是教育的源泉，它的教育内容非常宽广，是不断变化的，是多元的，因而也是全面的，主张“在生活里找教育，为生活而教育”。“社会即学校”也充分说明了教育的内容、教育的材料、教育的场所、教育的方法等都是多种多样的、丰富多彩的，要做到教无定法，学无定所。在“教学做合一”中，“教的方法根据学的方法；学的方法根据做的方法”，而学习是在做中、在体验中进行的，即现实生活。所以我们必须进入生活，在生活中教，在生活中学，在生活中做，通过这样的教育让儿童适应现实生活，连接社会，连接国情，为国家培养合格人才。

二、生活教育的重要意义

1. 教育教学生活化是幼儿发展的有效途径

所谓教育教学生活化是指针对幼儿年龄特点和认知发展规律，利用贴近幼儿生活的内容和材料，使幼儿能够结合已有的经验和生活，进行学习和创造。《幼儿园教育指导纲要（试行）》中也明确提出，“教育活动内容的组织应充分考虑幼儿的学习特点和认识规律……注重综合性、趣味性、活动性，寓教育于生活、游戏之中”。教育教学趋于生活化，是幼儿发展的需求，也符合幼儿教育的要求。幼儿的生活包括家庭生活、学校生活及社区生活，充分挖掘周边生活中有价值的内容，融入幼儿的教育中，提高活动的综合性和自然性。对幼儿来说，教育是一种生活化、游戏化的教育，是幼儿发展的重要途径，是幼儿成长充实与展现的历程，是幼儿在参与、体验与创造中利用环境自我不断建构发展的历程。

2. 生活让幼儿的认知更直观，学习更自主

直接感知是孩子获得经验最有效的学习方式。让孩子进入现实生活场景中，以自己的方式去感知、体验、发现，成为自主学习的小主人和知识

的主动建构者，从而健康、自然地成长。例如在课程“认识各种树木”中，教师带领幼儿观察幼儿园里的树木，幼儿通过摸一摸、看一看、量一量，纷纷讨论着他们的发现，“这是松树，高高的”“它像一把大大的雨伞”“松树，像一座小金字塔，细细的叶子像头发一样”“小松树的松针好扎人呀！原来松树还开花啊”“这是银杏树，上面还结着果实，它的果实叫白果”“银杏的叶子就像小扇子，秋天叶子就变黄了”，孩子们通过感知、观察发现了树木的不同外形和特点。把生活化的课程渗透到主题教育活动中，以幼儿的现实生活为契机，将知识与生活进行有机整合，从幼儿的日常生活出发，从幼儿的兴趣出发，以推动幼儿的发展，促进幼儿自然、健康地成长，实现幼儿教育活动的有机整合。

3. 生活让幼儿学习更具主动性和兴趣性

生活是完整的、丰富多彩的，对幼儿而言，生活是重要的学习内容，也是重要的学习途径。幼儿的一日生活、与幼儿息息相关的社会生活及游戏都是重要的课程资源。例如，小班幼儿玩“举手举脚跳高”游戏，就是让游戏者跳过高度不同的人为障碍，来锻炼幼儿的跳跃能力，并对幼儿进行勇往直前、努力克服困难的教育。中班幼儿玩“小马运粮”游戏，让幼儿穿上“马蹄”，形象生动、富有趣味性，更容易进入游戏的情境，在穿越不同障碍的同时，锻炼了幼儿走、跑、钻、平衡等综合技能。幼儿园也可以为幼儿制订相对稳定的一日生活活动表，让幼儿知道在什么时间该进行什么活动，使幼儿明确一日活动的前后安排，有利于保证一日活动的顺利开展。当然，一日生活中的活动安排既要有相对的稳定性又要具备一定的灵活性，只有这样才能既培养幼儿秩序感，又能满足幼儿多样化的合理需要，真正做到尊重幼儿发展的个别差异性，使每名幼儿得到发展。

4. 与一日生活有机结合，发挥教育的整合性

幼儿园的一日生活包括入园、进餐、教育活动、户外活动、午睡、离园等环节。而每一个环节都具有很好的教育价值，幼儿教育教学应以幼儿的一日实际生活来进行，应该充分挖掘一日生活中的各种教育资源，把教育与幼儿的一日生活紧密结合起来。幼儿以自己熟悉的生活为载体进行学习，能够产生兴趣，激发自主学习的欲望，真正成为学习的主体。让教育回归幼儿的生活，让课程回归生活，这也是“生活即教育”理念的体现。

如孩子们在区域活动中扮演不同角色，学习不同角色的交往方式，体会不同的情感。在照顾娃娃时体验父母对孩子的呵护，做医生时耐心细心地照顾病人，做服务员时耐心热情地接待顾客，做爸爸时礼貌接待客人，学习做菜打扫卫生等，这些区角活动角色扮演无形中使孩子增强了自我意识和群体意识。又如，进餐时应提醒他们不挑食，桌面地面不掉饭粒，保持清洁；饭后记得漱口，不做剧烈的运动；午睡时注意动作轻，说话轻，按时睡觉、起床，不影响他人；游戏、手工时，把废纸屑等扔进纸篓；活动结束后自己整理玩具；等等。这些活动也有助于幼儿良好生活习惯的养成。在一日生活中，从不同的环节、不同的方面充分利用各种资源，并将它们有机结合，以期达到教育的整合性，促进幼儿的全面发展。

三、践行以生活为本的教育途径

用心、用情、用智慧在日常工作中践行生活教育理念，关注幼儿，解读幼儿，尊重幼儿的身心发展规律和学习特点，为幼儿的发展创造良好的条件，使孩子们的童年生活过得丰富多彩、充满阳光。具体生活教育实施框架图如下页图所示。

幼儿园一日生活活动主要包括四个方面：生活活动、游戏活动、集体教学活动和体育活动。活动中蕴藏着大量的教育契机，包含着丰富的教学资源，把教学渗透到幼儿园的一日生活中，进行有效教学，实现教学的生活化，是促进幼儿发展的有效途径。

游戏作为幼儿的基本活动，是他们和周围世界互动、学习的基本方式，是他们认识外部世界、发展情绪情感、培养各种能力、促进社会性发展的内在需要。在幼儿园的一日生活中，教师要根据幼儿身心发展的特点和幼儿的实际兴趣及需要，创设游戏条件，科学地组织和开展游戏，通过游戏的形式激发幼儿求知欲，从而调动幼儿学习的积极性、主动性、创造性，使幼儿对各种事物、各种活动产生兴趣，引导幼儿在玩中学、学中记。例如，我园开展的教育活动“猜拳”，教师利用幼儿平时生活中最爱玩的石头剪刀布游戏，让幼儿进行绘画创造，不仅增加了活动的趣味性，还促使幼儿在游戏中去探索、去想象、去创造，变被动接受到主动学习，变他授到自

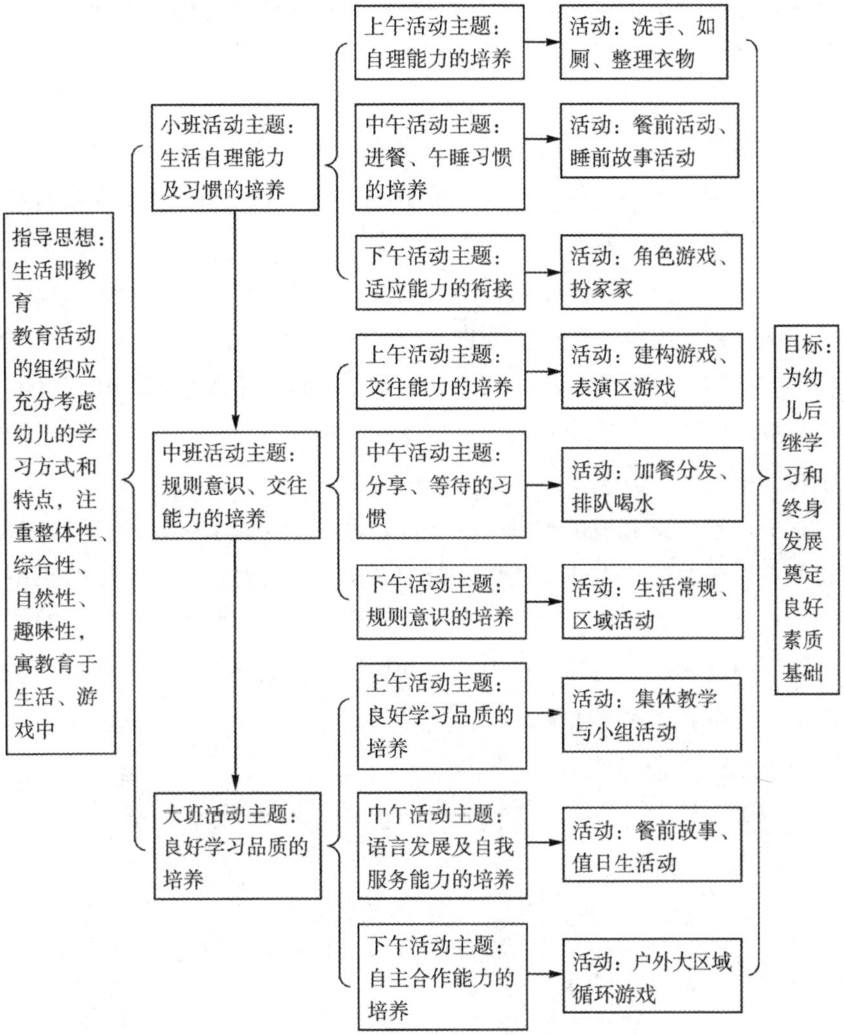

图 1　践行以生活为本的思路图

主选择。在“破案”的活动中，教师创设幼儿熟悉的家庭环境，增设生活情境，提供道具让幼儿在亲自试误、发现问题、解决问题的过程中发现科学的奥秘，感知科学的进步和社会的发展，把抽象的理论更直观地呈现在幼儿的面前。幼儿园一日生活的各个方面都渗透着教育因素，我们要不断地深入挖掘内在的教育价值，才能更好地促进幼儿的全面发展。

区域活动是一种重要的自主活动形式，是实施生活化教育的有效途径，我园创设了多个活动区：在自然活动区，我们创设了种植区和养殖区。在种植区，幼儿通过自己种植、照料植物，懂得了哪些植物喜阳、哪些植物喜阴等一些种植经验；在养殖区，幼儿发现乌龟壳的花纹是多种多样的，也发现了每种乌龟在养殖方法上也会有所不同。在自然科学发现区，幼儿通过生发豆芽、观察植物在不同环境中的变化，每天都有新发现和新经验的产生。在建构区，幼儿利用积木、纸盒、废纸桶等不同的材料建构物体形象来表征自己所见过的生活情境，幼儿在组合、堆积、排列的过程中建立了空间关系；在构建造型过程中，了解了物体的平衡，提升了审美能力；在抓握、拼接、整理的过程中，肌肉得到了锻炼、手眼协调得到了发展，建构后成功的喜悦，使幼儿增加了自豪感，树立了自信心，有助于培养幼儿乐观、积极的人生态度。

幼儿园应为幼儿提供健康、多元的生活，满足他们多方面发展的需要，使他们在快乐的童年生活中获得有益于身心发展的经验。为了让幼儿在一日生活点滴之中习得最重要的生活经验，我们也在不断发现问题、剖析问题、解决问题，逐步完善一日生活化课程体系，最终形成园本课程，实施应用于一日生活化课程教学。

创生幼儿行为指导故事的价值与策略

濮阳市实验幼儿园 晁 昱

《幼儿园教育指导纲要（试行）》中明确提出，幼儿园的教育是全面的、启蒙的。从3—6岁幼儿这一特殊生命阶段来看，幼儿园是幼儿生活的重要场所，幼儿在幼儿园的生活经历和经验决定着童年生活的质量，影响着他们各方面的发展。我们的使命就是要为幼儿创造美好生活。幼儿教育的目的并非在于知识技能的传授，而是教师以支持者、合作者、引领者的身份，对幼儿实施"理性智慧的萌发、人格品行的砥砺、道德良知的启迪和诗意人生的熏陶"的教育。但是反观当下的教育，人们常常会陷入"孩子的学习不是为了今天的生活，而是为了明天赶路"的魔咒中，导致幼儿在幼儿园的生活陷入了被流程、被教师驱使的追赶式生活境地，这样的生活"遭遇"使教师和幼儿失去了生活和教育的从容与幸福。

在这样的背景下，2016年，结合中原名师项目，我带领工作室成员开展了"以一日活动为线索的幼儿行为指导故事创编与应用研究"的课题研究。用故事指导行为是指通过故事将幼儿原有经验与故事带给幼儿的新感受建立联系，从而启发、帮助、引领幼儿实现自我调整的行为塑造。因此，创生有效的行为指导故事，用行为指导故事贯穿幼儿的一日生活，让幼儿行为养成从提醒模式转向意愿模式，实现教师温暖教育、幼儿诗意成长是课题研究的核心。两年的时间，课题组围绕五个维度形成了创生行为指导故事、运用行为指导故事，构建了幼儿与教师一起成长的教育生活。

一、形成了创生幼儿行为指导故事的策略与研究

幼儿行为指导对象年龄为3—6岁。在研究的过程中，我们确立了行为指导故事要适宜幼儿年龄特点、要符合幼儿心理水平、要满足幼儿成长需求、要遵循幼儿认知规律的“四要”原则，同时，要改变传统故事中说教、影射的“假教育”，确立了凸显故事指导价值，激发幼儿自我纠正、自我塑造的创编故事的思路。通过故事里面有幼儿、故事里面有榜样、故事里面有隐喻、故事里面有方法等创编策略，赋予故事指导行为的功能。

1. 故事里面有幼儿

依据《3—6岁儿童学习与发展指南》精神，我们从小、中、大班幼儿的年龄特点出发，在创生故事时，兼具共性与个性行为，让幼儿成为故事的主人，让故事为幼儿而生。如午睡环节，我们创生了针对小班幼儿的《草莓味的棉花糖》、中班幼儿的《枕头云》、大班幼儿的《小黄鸭买梦》等三个不同水平的睡眠故事。

2. 故事里面有榜样

对于幼儿善于模仿的特性来说，榜样的力量是无穷的，我们坚守正面教育的原则，故事中塑造了无数个幼儿行为模仿的榜样，如《睡吧，像老虎一样》《hello的秘密》《整理小姐》等。各种正面的人物和动物形象通过故事载体的形式，植入幼儿的内心，成为幼儿的行为榜样。

3. 故事里面有隐喻

隐喻是创生行为指导故事的重要手段，这样的方式可以帮助幼儿建立想象链接，让幼儿在想象中平衡纠正自己的行为。在创生故事的过程中，我们尝试运用了多种隐喻的手法。（见下页表）

4. 故事里面有方法

在幼儿行为养成过程中，我们发现：幼儿有积极学习的欲望，却缺少方法，在创生指导故事时，我们特意把“方法”化为故事中的情节，透过情节向幼儿提供方法支持。如，为了消除幼儿不愉快的情绪，在故事《生气汤》中“撒点盐，放点糖，左左左，扭三下，右右右，扭三下，喷出一口火龙气，啊！我快乐啦！”运用这样一种有趣的方法帮助幼儿学会用恰当的方式排解情绪。

表 1 故事创编中的隐喻

故事名称	故事内容	指导行为
《枕头云》	将枕头比作枕头云	指导幼儿快速入睡
《喷洒先生》	将幼儿喝水说话时喷出的口水比作喷洒	喝水时不讲话
《慢慢走，别乱跑》	慌慌张张的小马和稳稳当当的小马	晨间入园时不乱跳、不乱跑，注意安全
《太阳花的秘密》	像太阳花一样笑容灿烂地度过幼儿园时光，幸福地离园	快乐离园
《快乐帮和破坏王》	快乐帮、破坏王	友善、遵守规则

二、创生了覆盖幼儿一日生活的行为指导故事

故事不仅是陪伴幼儿诗意成长的伙伴，更是教师可以随手拈来的低成本的教育方式。但教师在一日活动的过渡环节讲故事基本上是以缓解幼儿的等待时间为目的，随机性、随意性强，我们还发现，在古今中外海量的儿童故事中，与幼儿园教育相结合的行为指导故事零散且实效性低。我们研讨了幼儿园一日生活各环节幼儿易出现的行为问题和教师在组织一日活动中的困惑和难题，从当前国际教育价值取向和我国基础教育的导向出发，以促进幼儿发展的积极视角，针对小、中、大班幼儿的年龄特点和认知水平，把幼儿应具备的关键行为能力聚焦于集体活动或集体生活中的行为上，确立了幼儿集体生活十个关键行为，这十个关键行为是文明、自理、友善、快乐、责任、自控、勇敢、坚持、安全、节约。围绕幼儿园的一日活动环节的特点，把十个关键行为与一日活动环节做了匹配：

晨间活动：文明、快乐、责任

盥洗活动：自理、节约、自控、责任

进餐活动：自理、节约、文明

游戏活动：友善、自控、坚持、自理

午睡活动：自理、自控

户外活动：勇敢、安全、自控、友善、文明、自理、责任

离园活动：文明、安全、自理

在行为与环节匹配的基础上，我们结合一日生活的七个主要环节，创生了：晨间——让幼儿喜在故事的晨光里，盥洗——让幼儿长在故事的沐浴中，进餐——让幼儿吃在故事的味道里，游戏——让幼儿乐在故事的成长里，午睡——让幼儿躺在故事的摇篮里，户外——让幼儿玩在故事的阳光里，离园——让幼儿别在故事的回味里等覆盖幼儿一日生活的近 80 个行为指导故事，实现了用故事贯穿幼儿的一日生活，让幼儿在故事的浸润中塑造、内化行为的研究目标。

三、构架了运用行为指导故事塑造幼儿行为的模式

幼儿行为的发展是一个整体，在让幼儿与故事相遇时，还要考虑影响幼儿行为的其他相关因素。幼儿行为的养成是一个渐进的过程，不是一个故事就可以实现行为塑造。本项课题中幼儿的行为指导是以故事为载体，让故事成为教师指导与幼儿行为塑造的媒介，并建立幼儿行为养成的支持系统引领幼儿的发展。也就是说，教师不仅要会创编行为指导故事，更要会用故事，即要形成最温暖教育方式的策略。

1. 锤炼出六个应用故事指导行为的案例模块

在不断的应用与反思的过程中，我们剖析故事中的核心价值，围绕“指导行为”关键词，形成了故事说明—适宜年龄—行为描述—故事一定有办法—故事可以这样讲—故事还能这样用六个指导模块，为教师提供了实操性强的指导流程。

2. 研发出五个讲故事的策略

富有感情地讲故事对于幼儿教师来讲是一项基础技能，在讲述中，教师的语气、肢体、情感都会给幼儿带来更丰满的体验。而在行为指导故事的运用中，如何让故事走进幼儿内心，并在故事的影响下内化自己的行为，让故事成为幼儿的行为老师是我们研究实践的内容，最终确立了五个讲故事的策略。

（1）讲故事要充分运用表情、声音、肢体语言来表达感情和传递信息。

（2）结合小、中、大班幼儿的注意力保持时间选择故事的篇幅。

（3）讲故事是一个分享的过程，在这个过程中，运用合适的时机去表演、去说教、去影射。

（4）要创立讲故事的仪式感，营造唤醒幼儿内心的精神氛围。

（5）借助物体象征物，并赋予支持幼儿克服困难的勇气和方法。

3. 建立了以故事为核心的幼儿行为养成支持系统

（1）建立运用故事指导幼儿行为的周期。在应用故事指导行为的案例中，我们特别增设了“讲述周期”，为幼儿行为养成建立一个持续正增强的周期，同时，为教师有效运用提供参考。

如通过故事《北风和太阳》让幼儿知道冷了穿衣服、热了脱衣服并学会基本的照顾自己的方法。在讲述周期中我们这样设置：建议连续讲述故事一周，根据天气的变化，每次户外活动前检查幼儿的衣服是否合适，注意观察幼儿活动中的运动量，提醒幼儿及时穿脱衣服。

（2）创设运用故事指导行为的辅助环境。在创编的行为指导故事中，我们为每个故事设计了可以提取的行为养成的关键语句和象征物。朗朗上口的童谣、有趣故事中的动物与人物形象都能让幼儿建立想象。尤其是象征物，它在帮助幼儿学习的过程中所发挥的功效是不可估量的。象征物可以让幼儿对行为养成更有信心，给幼儿坚持练习的力量，提醒并帮助幼儿内化行为。为此，提取象征物并与幼儿共同开展“故事象征物的设计与制作”，可以辅助幼儿持续有效地进行行为塑造。

如故事《北风和太阳》中，教师创设了这样的环境：幼儿每天早上来园签到时画一画当天的天气，如晴天画太阳、阴天画云朵、雨天画雨滴等。让幼儿知道根据天气变化和自己运动量的多与少及时穿脱衣服，为能够根据天气变化和自己运动量的多与少及时穿脱衣服的幼儿发一颗“穿衣小达人之星”，粘贴上幼儿照片在班里展示，鼓励幼儿学会照顾自己。在故事《正小姐和歪先生》中，教师与幼儿一起设计和制作心目中的“正小姐”，将制作好的“正小姐”张贴在教室主题墙上，在这个板块内，让幼儿看得见榜样，让幼儿的进步看得见。

（3）搭建运用故事指导行为的家园合作平台。幼儿行为的养成需要一个完整的支持系统，来保证幼儿行为指导的一致性和延续性，在本项研究中，家园合作是助力幼儿行为养成的重要路径。在应用故事指导行为的案例中，我们设置了“亲子时光”版块内容，把家长纳入幼儿行为养成的支持体系中，不仅能有效促进幼儿的发展，还能引导家长走向科学有效的育儿之路。实现用故事的方式把行为养成由说教、强制模式转化为意愿模式。

四、赋予了幼儿可持续发展的力量

德国哲学家海德格尔说：“人生的本质是诗意的，人是诗意地栖居在大地上的。”诗意源自内心的安详与和谐，以生活为底色的幼儿园教育期盼的是让幼儿像幼儿那样生活，让教师和幼儿一起自由畅快地生活。诗意的日子不只有乐趣，还有挑战和冲突；不只有成功，还有为之付出的艰辛努力。

用故事贯穿幼儿的一日生活，让幼儿的生活从“流程”走向了“诗意”，变得有趣、鲜活起来：洗手了，孩子们在“面条水”的流动下学着《小鸭嘎嘎》故事中的小动物形象，无痕地按照六部洗手法洗手；吃饭了，孩子们在故事《大嘴机器人》的引导下“叮”右手拿勺、“叮”左手扶碗、“叮”把饭吃光、“叮”擦擦小嘴中愉快进餐；午睡了，孩子枕着“云朵”，甜蜜午睡。诗意的一日生活少了催促与浮躁，带给幼儿的是生活的趣味享受和心灵的平静笃定。

在一日生活背景下，通过故事的力量，幼儿的行为塑造从“提醒模式”走向了“意愿模式”。幼儿在与故事中的“榜样、方法、象征物、情节、趣味”等行为指导元素互动中，自主模仿、学习、想象、体验从而实现自我调整的行为塑造。

五、提升了教师指导幼儿行为的专业能力

通过两年的案例实践研究，教师的教育观念、研究意识和研究能力得到了提升，主要体现在：

1. 树立了幼儿教师"专业爱"的理念

"爱"是教育永恒的主题，幼儿教育更要凸显以"爱"为先导。然而在当前"老师像妈妈"的误导下，幼儿教师的职业发展面临困境。当把关注的视角转向孩子，在发现幼儿行为问题、分析问题原因时，我们发现幼儿教师的职业本质，是对幼儿身心发展特性与规律的认识、理解和尊重，是懂得愉快童年生活对于生命发展的独特价值。幼儿教师的爱应是专业的爱。即爱孩子，不仅是体贴入微，更是要叩开心门。在一日生活中，当老师秉承着"专业爱"的理念时，才可以实现"始于爱心，终于智慧"的职业成就。

2. 教师成为幼儿心中的"故事大王"

教师在观察幼儿行为—收集故事—创编行为指导故事过程中，对海量的故事进行筛选和改创编，教师在选故事、改故事、编故事、讲故事、品故事的历程中，不知不觉成为幼儿心中的"故事大王"。

3. 提升了教师指导幼儿行为的水平

在运用故事指导幼儿行为的研讨时，教师在发现需要指导的行为—分析现状—匹配故事—讲故事（道具即象征物的运用）—赋予象征物力量—分享—强化（正增强）的应用中，提升了用研究的视角和思路去教育幼儿的意识，并掌握了以故事为载体指导幼儿行为的策略。

4. 使教师体验到做专业幼儿教师的幸福

该课题研究所提出的教育模式使教师对幼儿出现的行为少了一分焦虑，多了一分包容，少了一分无助无效，多了一分自信有效。因此，当教师从观察幼儿、指导幼儿逐步走向发现幼儿、研究幼儿、支持幼儿、成就幼儿的专业教师之路的时候，他们的教育生活从急促、浮躁、无助、疲惫切换至智慧、从容，与幼儿一起畅快地生活。

在边创生行为指导故事边应用行为指导故事的进程中，我们深切体悟到了运用行为指导故事实现教育价值转换后带给教师教与幼儿学的变化，教学价值与幼儿发展的交互将是我们未来提炼教育方式、运用教育智慧的主攻方向，虽然幼儿教育还处于薄弱学段，但我们坚信：只要坚守"尊重儿童、守护童年"的精神，幼儿教育的美好定会展现在我们面前。